古老の人生を聞く

宮本常一ふるさと選書 第❶集

MIZUNOWA SHUPPAN

白木山という山の山頂からの眺めはよい
父は、私を白木山へ連れて登ることによって
私を旅人にした（「ふるさと大島」より）

中央にそびえる山は嵩山。左の海
は伊予灘、右は広島湾側。2003.1

古老の人生を聞く――宮本常一ふるさと選書第1集◉目次

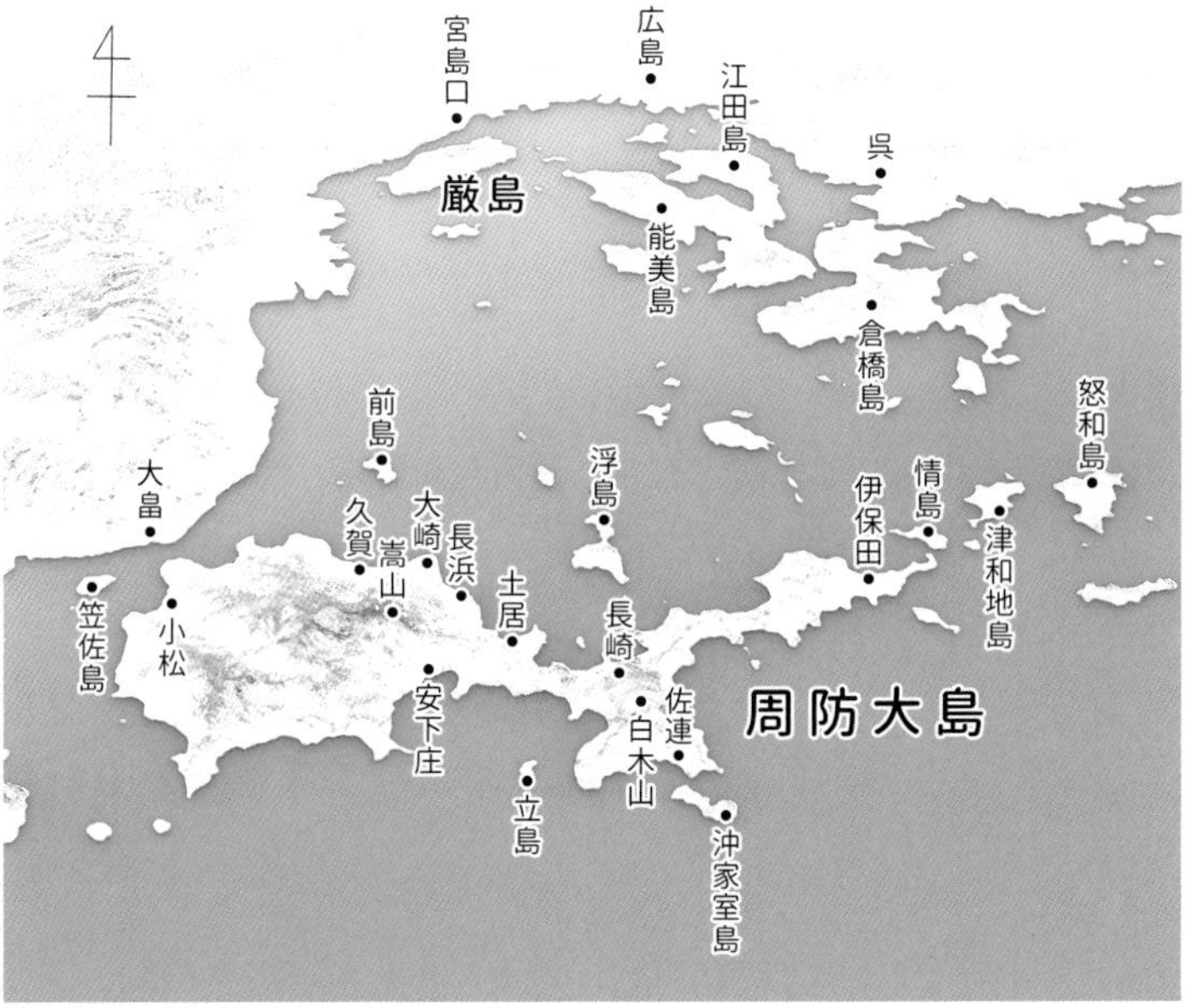
宮島口
広島
江田島
呉
厳島
能美島
倉橋島
怒和島
前島
大畠
久賀
大崎
嵩山
長浜
浮島
情島
伊保田
津和地島
土居
長崎
笠佐島
小松
安下庄
佐連
白木山
周防大島
立島
沖家室島

ふるさと大島

周防大島と本土をへだてる大畠瀬戸。1957.3

ふるさと大島

一　周防大島

山陽線で西下して、宮島口を出てしばらく走ると、南の海上はるかに横たわる島を見る。島といっても、長々と東西に横たわっているので、島という感じはしない。これが島であることをはっきり知ることのできるのは、大畠《おおばたけ》駅に至ってからである。そこには渦潮《うずしお》の流れる瀬戸があり、また、瀬戸を渡る連絡船がある。

そして、この島が周防《すおう》大島なのである。瀬戸内海では、淡路島《あわじしま》・小豆島《しょうどしま》に次いで、第三の島であるが、現住（一九六一年）人口は五万に満たず、内海（瀬戸内海）中では人口密度の低い島の一つである。内海の島は一般に禿《は》げあがっているか、または、段々畑の重なりがいちじるしく眼につくのであるが、この島は、大畠《おおばたけ》から見る限りでは、山に青々と木が茂っている。私はこの島の生まれであるが、内海の島々の旅をして帰ってくる度に、ホッとする。ここにはまだ豊かな緑がある、ということを意識して……。

しかし、島の東部は実によく拓《ひら》かれている。そして、段々畑が重なり合っている。その畑の大半が、つい最近まではサツマイモと麦で覆《おお》われていた。島の東部を島末《しまずえ》と呼んでいるが、島末は必要以上に人の多く住んだところで、その原因は、江戸時代の中頃サツマイモがこの島に渡来したことにあったらしい。島の西部は、古くから水田がよくひらけて、畑は少なかった。したがって、サツマイモを作ることも少なかった。

しかし、島末《しまずえ》にはもと水田が少なく、人口もまた稀薄《きはく》であったが、サツマイモが入って九〇年余りの間に、人口が三倍にも増えている。その間に島の西部、すなわち、島元《しまもと》の方は二倍に増えただけであった。そして今から一三〇年余り前には、島の人口は六万を超え、島末はいちじるしい人口過剰《かじょう》におちいり、その頃から盛んに出稼《でかせ》ぎに行くようになった。島末は、多くは大工として出ていった。北海岸の久賀《くか》は石工《いしく》、島元の者は塩浜（塩田）の浜子《はまこ》が多かった。

その頃の島の生活は、実にみじめで低かった。天井のうつる——つまり湯ばかり多い——粥《かゆ》や麦飯やサツマイモが主な食物であった。それでも、多少とも田のあるところでは、盆正月や祭りには、米の飯も食うことができたが、畑ばかりの家では、それすらもできなかったので、そういう家の若い者は、米を作る家へ雇われて働きにいった。それ

上　小松港の渡船口。1964. 7
下　海岸道路を行く国鉄バス。1961

●瀬戸を渡る連絡船

大島大橋架橋（1976年7月）の前までは、本土と島を結ぶ手段は連絡船だった。暴風雨の時には島に帰ることも出ることもできなかったという。

「大畠と小松との間を連絡船が通うようになったのは昭和15年頃で、はじめは県営であったが、島の東部の者は昭和25年頃までは連絡船を利用する者はほとんどなく、(島めぐりの) 発動船を利用していた。それが、連絡船もバスも国鉄経営になって、島めぐりの船は姿を消し、ほとんどの人がバスと連絡船を利用するようになる。…この瀬戸は、私にとってもっともなじみ深い海でもあった」（宮本「私の日本地図9　周防大島」）

をノンコといった。納屋子《のんこ》と書いたものであろう。畑の多い島末《しまずえ》の若者は、島元《しまもと》のほうへノンコにゆく者が多かった。ノンコをまたムクダイともいった。目代《むくだい》と書くのであろう。

しかし、それだけでもまだ足らない。若い娘たちは秋稲刈りの頃になると、本土の農村へ群になって働きに出かけた。これを秋仕奉公《あきしぼうこう》といった。農家の納屋《なや》などに泊めてもらって、食わせてもらった上に米一升が賃であった。転々としてほうぼうの家で働いて、だいたい四〇日もいて、一俵をもらってくるのが普通であった。

それほど米の入手には皆苦労したのであるが、広い世間には、この島よりももっと貧しい所があった。愛媛《えひめ》県の山中がそれであった。木挽《こびき》、杣人《そまうど》などとして、この山中へ出稼《でかせ》ぎに行くと、養うに困っている子を買ってくれないかと

長州大工の門井家が建てた長尾八幡宮（西安下庄）。2021.2

◉大工の出稼ぎ

四国へ出稼ぎに行った大工たちは主に愛媛から高知の山間地で仕事をしていた。地元の周防大島では「伊予大工」「土佐大工」と呼び、出稼ぎ先では「長州大工」と呼ばれていた。門井家が宮大工として活躍し、寺社の建築にたずさわった。

「そのはじめは大分県や、県内の萩地方へ出かけていった者が多かったようであるが、今から150年くらい前から四国地方への出稼ぎが多くなった。四国の中では、はじめ伊予が多く、後には土佐へ出かける者が多くなった。私の子供の頃には土佐大工、土佐木挽のことばもあり、私の外祖父なども土佐の山中へ木挽にいっていたという。親戚の者にも土佐へ稼ぎにいったものは多く、大正の初めに高知へ旅行した近所の人から「あんたの家の親戚に逢うた。高知の城下に四軒ほどあった」と聞かされたことがあった」（宮本「周防大島民俗誌」）

頼まれることが多かった。買ってくれというのはまだよい方で、連れていってくれないかと頼まれることすらあった。出稼《でかせ》ぎ者にしてみれば、働き者の自分が出てきて、家の中のきりまわしは女房がやっており、女房の負担も重いわけだから、それを少しでも楽にしようと、こうした子を連れて戻る者が多かった。これが伊予《いよ》（愛媛県）の買い子である。買い子は昭和になってまで見られた。

こうして島の者は、男も女も出稼ぎしたのであるが、明治一八年（一八八五）にハワイへ官約移民《かんやくいみん》として渡航する者が出て以来、一時は三〇〇〇人を超えるハワイ、アメリカ出稼ぎ者を出した。と同時に北九州・朝鮮《ちょうせん》・満州《まんしゅう》（中国東北部）への出稼ぎも増えていった。そして、その人たちの送金によって、島の生産だけでは赤字になる家計の補《おぎな》いをし

漁船が停泊する情島本浦の船着場。1959.4

◉伊予の買い子

「買い子」は「伊予子」ともいい、漁業が盛んな情島では一本釣り漁の操船を手伝う梶子（かじこ）として働いた。これは前金を受け取り島の漁家に住み込みで働く年季奉公であった。

「潮につれて下っていくとき、船の方向を一定させておかぬと、釣糸が垂直に水中に垂れないので、そのために一人櫓につかまって、船のかじをとりながら、船の方向を一定させる必要があった。梶子というのはそういう仕事をするもので、家々の子供がその仕事にしたがっていたが、漁船がふえ、一軒で二艘も持つようになり、働けるものは皆釣に出かけることになると梶子が不足しはじめた。そこで大正の終り頃、愛媛県の三津浜地方から貧しい家の子を雇って来ることにした。…すこし漁熱心な家ならどこの家にもいた。取扱いは家の子供とたいしてかわるところもなかった」（「宮本常一離島論集　1」）

た。こうした出稼ぎ者の数は、多いときには一万人を超えたのであるが、それが次第に出先へ定住するようになり、また、辺地《へんち》への出稼ぎから都会への出稼ぎ移住が増えてくるにつれて、島の生活にかなりの変化をもたらした。

辺地へ出て行っていた頃は、お金を儲けること、食物を得ることが何よりの大きな目的であり、金は持って帰っても、消費文化を持って帰ることはなかったが、京都・大阪・東京への移住出稼ぎが増えてくるにつれて、島の人の生活を次第に都会風《とかいふう》にしてきた。と同時に島に残る者の中には、島外からの送金によって生活を立てている者が少なくない。それはまた、島に若い者をほとんどとどめていないことにもなって、早くから青春なき島となってしまったのである。

日本ハワイ移民資料館（旧福元家住宅、屋代）。サンフランシスコへ渡り、貿易事業で財をなした福元長右衛門が建てた。二階建てでガラス障子がある。現在はハワイをはじめとした海外移民の資料を展示して、その歴史を今日に伝えている。2021.2

この島の中央部は、明治の初め頃からみかんを作り始めたところであるが、よい土質と気候に恵まれながら、瀬戸内海の他のみかん栽培地のように、急速に栽培が進んではこなかった。若い者が、それで自分の希望や野心を伸ばそうとする風《ふう》が、ほとんどなかったからである。つまり、人は外へあふれ出たが、自分たちの郷土をほんとによくしようという意欲は、つよいとは言えない。

そういうことからくる遅れが、かえってこの島に素朴な景観を残している。つまり、自然が人手でそれほど損なわれていないのである。

島の高い山の上は、たいてい国立公園に指定されているが、そこからの景観はいずれも素晴らしい。まず、島の中

棚田に植えたミカンの木々が育つ（久賀）。収穫したミカンを運ぶモノレールも設置されている。1979.11

◉みかん栽培

幕末から明治期にかけてミカン作りが始まった周防大島では、1960年頃から特にミカンへの作付転換が進んだ。

「昭和35、6年頃であったか、案内せられて棚田地帯をあるいて見ると、水田にずいぶんミカンが植えられているのである。これは島の東部の方の段畑へミカンを植えるのとは違う。段畑は幅もせまいし、小さい。棚田はそれよりは幅も広く、面積も広い。そういうところへミカンを植えたのを高いところから見るのは実に美しい。…久賀の町の東南部の谷の田はミカンでおおわれていた。棚田そのままでも、畦が曲線を描いているのが特に不思議な美観を生み出しているが、ミカンが植えられると、また違った美しさが生れてくる」（宮本「私の日本地図9　周防大島」）

央部の白木山《しらきやま》という山の山頂からの眺めはよい。この頂上にはかつて高射砲隊《こうしゃほうたい》の陣地があったので、ふもとから自動車路がついているが、それが今では車の通りがたいまでに崩《くず》れ、また頂上は、松で覆《おお》われて眺望がきかなくなりつつある。わずか四〇〇メートルにも足らぬ丘なのだが、それほど登る人が少ない。ここからは周防灘《すおうなだ》・伊予灘《いよなだ》・広島湾などの島々が一望の中に入るばかりでなく、この海をとりまく九州・四国・中国の連峰《れんぽう》も望まれる。秋風がたって、海が青々と光り、それらの山の上にわく雲の峰が崩《くず》れはじめる頃の風景は殊《こと》によい。空気がすみきって、目に見えるあらゆるものがくっきりして、それがかえって人々の旅情をそそる。

白木山《しらきやま》から西へ四キロ余りのところに、嵩山《だけさん》がある。見た眼には円頂の美しい山だが、登る人はほとんどなくて、夏は草の茂みのために道さえわからなくなる。この山の東北の中腹に帯石《おびいし》観音がある。ここは幕末の防長征伐《ぼうちょうせいばつ》（第二次長州征伐。一八六六年の幕府と長州藩との戦。三三・四七頁註参照）の時の古戦場で、防長軍と幕府軍が、この山の奪い合いで戦ったところであるが、ここからは島の東部と広島湾を見下ろした眺めがよい。この山の裾《すそ》になるあたりに、みかんが最も多い。しかし、ここに登るにも徒歩によらなければならない。

嵩山の西に南から北へ源明《げんめい》・嘉納《かのう》・文珠《もんじゅ》などの山が並び、嘉納は島の主峯で七〇〇メートル近い。このうち源明の南側までは、西の屋代《やしろ》の谷から林道がのびて車で行くことができる。源明からの東望は、伊予灘《いよなだ》から斎灘《いつきなだ》一帯の島々を見ることができて素晴らしい。眼下には安下庄湾《あげのしょうわん》の入江が美しい。

こうした風景は、内海でも有数のものであり、また印象にも深く残るはずのものであるが、まだ全く開発されていない。それだけに、風景を楽しもうとするハイカーには魅力のあるところだと言える。

海岸をあるいても、素朴なものは残っている。海岸には、島の一周道路が東部の南海岸を除いてほぼ完成しており、しかも、この道を国鉄バスが走っている。島で国鉄バスの走っているのは、日本でここだけであろう。大畠《おおばたけ》で下車して国鉄連絡船で小松へ渡って、バスに乗れば、東端の伊保田《いほた》まで行ける。そのうち久賀《くか》から東の海岸は、牧歌的なおもかげが残っている。小さい岬をまわり、または、丘をこえると、一つひとつの浦に部落がある。大きい村もある。三〇戸内外のものもある。

島の家はだいたい瓦屋根で、美しい白壁を持ったものも少なくない。そうした家の中で、腰高の二階家の硝子《ガラス》障子《しょうじ》の立っているものならば、ハワイ・アメリカ戻りの人の家であり、しころくずしの中二階ならば、大工出稼《でかせ》ぎで金を儲けたものが多い。だが家の大きさはほぼ同じようで、たまに練塀《ねりへい》をめぐらし、本瓦葺きの主屋《おもや》を持った家ならば、地侍《じざむらい》の家か、旧御船手《おふなて》の侍の家と見ていい。毛利藩の御船手組《おふなてぐみ》は三田尻《みたじり》（防府市）にあった。その領地には、大島の村々があてられていた。御船手組といえば藩の海軍方であるが、海軍方になった者は、中世に海賊として名を知られ

しころくずしの中二階の民家・服部屋敷（西方長崎）。周防大島東部の代表的な民家建築として移築復元されている。2021.2

◉二段屋根のしころくずしの民家

周防大島東部では明治時代になると、瓦葺きの屋根を二段にして、明かり取りのある中二階の、いわゆるしころくずしの民家が多くみられるようになった。中二階は物置や養蚕に使った。

「西方地区の長崎には明治20年頃には瓦屋根の家は一戸しかなかったそうであるが、明治40年代には麦稈葺きは一戸もなくなっていた。わずか20年ほどの間にこれほど大きな変化が見られた。麦稈葺きが瓦葺きに変わったばかりでなく、家の規模も大きくなった。…明治になってから家を新しくし、また大きくしていったのは、大工の出稼ぎが多かったからで、盆正月などに旅から帰って来ると、財産のゆとりのあるものは好んで家を新しく造りかえた。その家はシコロくずしの中二階が多かった」（宮本「東和町誌」）

た村上氏、また、厳島《いつくしま》合戦のとき毛利に属して陶《すえ》の海軍と戦って功のあった飯田・沓屋《くつや》・磯兼《いそかね》など二六家で、そのうち村上の二家が組頭《くみがしら》を務めていた。この家には陪臣《ばいしん》も多かった。それらの家々もまた、侍として待遇せられた。こうした家の中には、明治になって滅びたもの、他地方へ出て行ったものも多かったが、中には島にとどまって今日に至ったものも少なくない。

島出身で明治（一八六八～一九一二）から大正（一九一二～一九二六）へかけて、多少とも名を知られるようになった者の中には、御船手や地侍の子孫が多かった。学問をする機会があったからであるが、早く島を出て行ったことから、島とのつながりは薄かった。

島につながりの多かったのはそれ以下の人で、余生を郷里でのどかに過ごそうと若い時を他郷で働いた人々である。その人々が村の中へ洋風の住宅を建てたり、白壁の家をつくった。また、神社や寺へもよく寄付をした。学校を建てたり、備品を買ったりする場合にも、島では中流以下の家庭に育ち、他郷で多少とも財産をのばした人たちであった。

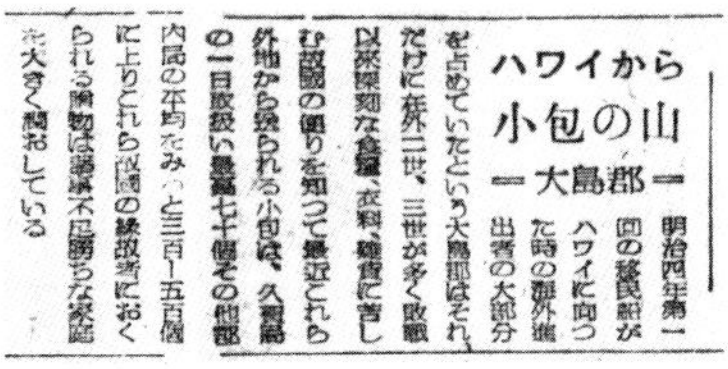

ハワイから
小包の山
―大島郡―

明治四年第一回の移民船がハワイに向つた時の海外進出者の大部分を占めていたという大島郡はそれだけに在外二世、三世が多く敗戦以来深刻な食糧、衣料、雑貨に苦しむ故国の便りを知つて最近これら外地から送られる小包は、久賀局の一日取扱い最高七十個その他郡内局の平均をみると三百―五百個に上りこれら故国の縁故者におくられる贈物は諸事不足勝ちな家庭を大きく潤している

上　海外の出稼ぎから帰った人の家はモダンな造りになっている。1966.12
下　防長新聞1947年８月18日付。敗戦後、大島に向けて、ハワイ在住者から支援物資が送られた。記事は以下のように伝える。「明治四年第一回の移民船がハワイに向った時の海外進出者の大部分を占めていたという大島郡はそれだけに在外二世、三世が多く敗戦以来深刻な食糧、衣料、雑貨に苦しむ故国の便りを知って最近これら外地から送られる小包は、久賀局の一日取扱い最高七十個その他郡内局の平均をみると三百－五百個に上りこれら故国の縁故者におくられる贈物は諸事不足勝ちな家庭を大きく潤している」

そうした人たちほど郷愁もつよく、また、ふるさとを愛していた。

戦後、島の生活は苦しかった。その苦しさをどうにか切り抜けたのは、ハワイ・アメリカからの送金および、物品による慰問であったといわれる。昭和三〇年（一九五五）、海外移住協会と外務省によって、この島の出稼《でかせ》ぎの実態が調べられたとき、昭和二〇年から三〇年までの一〇ヵ年に島へ送られてきた金員と物品は、推定で一五億円にのぼったと見られる。それは同じ期間の島のみかんの生産額とほぼ匹敵するのである。こうして島を外にした人々によって、島民は救われたと言っていい。

そうした庶民性とでもいうべきものは、まだ島の村々の中（特に東部）に漂っている。誰に声をかけても、相手が自

沖家室島の蛭子神社。台湾の高雄移住者が奉納した狛犬（上）。ホノルル（ハワイ）の他、朝鮮半島や内地などの寄進者名が刻まれた玉垣と鳥居と石燈籠（下）。2021.2

◉出稼ぎ、海外移住者が多かった沖家室島

明治以降、出稼ぎ・移民者が多かった沖家室島では神社仏閣へ地元に加え海外からも寄付があった。「その初め、島は周囲の海の漁場を開拓することで発展していった。しかし島の人口がふえるにつれて島の周囲だけでは生活がたたなくなり、内海各地への出漁が多くなり、そのためには船団を組織し、その船団は大船頭にひきいられた。そして内海だけではなく北九州への進出を見るにいたり、明治の中頃には壱岐・対馬へも進出した。漁場が遠くなるにつれて、出稼ぎ先に定住する者も多くなり、分村もできた。そしてさらに台湾・朝鮮への出漁もおこなわれ、ハワイに対しても漁業移民が見られるにいたった」（宮本「東和町誌」）

分たちの味方であると直観すれば、気軽に答えてくれるし、また、話し込んでしまう。みんな世間をあるいてきた人たちだから、他所者《よそもの》を警戒する気持ちは強くない。

バスの通る道をちょっとそれると、旧道がある。小松から久賀《くか》という所までは、旧道だけをあるくこともできる。くぬぎ林の間から見る海も美しいし、その向うの本土に郷愁をおぼえる。久賀から大崎《おおさき》を通って長浜《ながはま》に至る旧道もよい。車の通ることもない曲がりくねった道が、新道のずっと上についていて、広島湾の島々を見ながらゆくのは楽しい。その見える島々への遊意をさそわれる。

大島の属島なら大島から渡船がある。大畠《おおばたけ》瀬戸にある笠佐島《かささじま》は小松から、久賀沖の前島《まえじま》は久賀から、内浦《うちうら》沖の浮島《うかしま》は土居《どい》から、島の東部の情島《なさけじま》は伊保田《いほた》から。これらの島の周囲は、いずれもよい漁場になっている。とくに情島付近は魚の最も多いところであり、そこからは愛媛《えひめ》県の津和地島《つわじしま》がすぐ眼の前に見える。そして怒和《ぬわ》・中島《なかじま》・睦月《むづき》・野忽《のぐつ》那《な》・興居島《ごごしま》と連なって、伊予地《いよじ》への飛び石になっている。南海岸には沖家室島《おきかむろじま》・立島《たつしま》がある。沖家室島の漁民は広く太平洋海域に活躍し、いまでもハワイのホノルルに枝村（開墾、移住などにより元の村から分出した村。分村）がある。そのほかにも台湾・朝鮮・対馬《つしま》・壱岐《いき》などに枝村を持っていたが、敗戦によって壊滅したものが少なくない。立島は日本一小さい小学校があるので知られている。先生一人、生徒は少ないときは一人になることもある。多いときで五人だが、たいてい三人である。それでも、人がそこに住んでいるということによって小学校がある。

島の人たちは近ごろ観光をしきりに口にしているが、この牧歌的なものをもう少し残しておいて、都会の慌ただしさに疲れた人がぶらりと来て、ぶらりとあるいて帰れるような、そういうふうなところにしておきたいものだ。それにはまた、人住まぬ島もあり、真っ白な砂浜のしかも人一人いなくて、その白さが目にしみ、打ち寄せた小波の泡が砂にすいこまれつつ消える音すら耳につく静けさが、この島の東半分には残っている。そういう風土は消してしまうと、もう二度と帰ってこないもので、ただわやわやと無遠慮な人のやって来ることのみを観光地と心得て、客をひくことにばかり本気になる前に、静けさと素朴さを愛する人々のための憩《いこ》いの場所にしたいものである。内海では珍しくそういうものを多分に持った島の一つである。

二　旅を誘う白木山

私の郷里周防《すおう》大島は、瀬戸内海国立公園の中にある。私の家のすぐ南の白木山《しらきやま》は指定地域になっているが、訪れる人はない。

この頂上は眺めのよい所で、村の共有山野になっていたから、冬になると村人はそこへ薪《まき》をとりにゆき、夏は草を

長崎の集落とその沖の海に浮かぶ真宮島（右）、我島（左）。1960.12

◉丘の上から眺めると

「丘の上にのぼると、行儀よくならんだ家々、その向うの海、さらにその向うに中国地の山々が低くならんでいるのが見える。昔は、その海岸を走る汽車の白い煙が見えたほど空気がすんでいた。…私は丘の道をあるくのが好きで、郷里へかえると晴れた日にはかならずあるく。谷の奥に私の家の田や山があって、そこへゆく途中を、谷の道ばかりあるかないで、丘の道をまわって見る。丘の道は細く、車の通るほどの幅をもった所はない。だから思いのままに歩くことができる」（宮本「私の日本地図9　周防大島」）

刈りにいったものである。私も少年の頃、冬になると父に連れられてこの山へ薪をとりにいった。そして山の上から見えるかぎりの島や中国・四国・九州の山々について父から教えられた。父はどうしてそのような知識を得たのかを私は知らない。父は小学校へも、ろくに行かなかった。誰かから教えられたのであろう。私はその話を聞きながら、その地へ行ってみたいと思った。

その頃の内海の海は実に青々としていたし、空も山も澄みとおっていた。そして南の海には白帆が無数に浮かんでいた。北九州と大阪の間を通う石炭を運ぶための船であった。ときには汽船が一〇艘《そう》余りの石炭船を曳《ひ》いて走っていることもあった。ときにはまた、呉《くれ》から太平洋へ出てゆく鼠色《ねずみいろ》の軍艦《ぐんかん》が、何十隻というほど海を横切ることもあった。

長崎や近郊村の草刈り場、薪とり場だった白木山。1959.6

◉白木山の共有山野

白木山は場所によって所有・権利が決まっていた。中腹の帯のように木が茂っているところを込山（こみやま）といい本百姓が分け与えられた山。その下の松がしげるところ（写真下部）を合壁山（かっぺきやま）と呼び私有の薪山として利用された。込山の上の木々のないところは請山（うけやま）という村有林で、5年、10年など年限を設けて希望者へ貸し付けた。頂上付近がサンノとよばれる入会山（いりあいやま）だった。

「(山の頂上付近を) サンノという。山を持たないものはそこへ薪をとりにゆき、また肥草なども刈りにゆき、一般農民の入会山で、江戸時代には焼畑もおこなわれていたという。そういう山があるので、貧乏していても何とか暮しをたてることができたのであった」(宮本「私の日本地図9　周防大島」)

周防大島の東端を上空からみる。左側に雨振と両源田、右側に日向泊の集落。沖合中央に横たわるのが情島、その右に諸島。さらに沖には愛媛の忽那諸島が浮かぶ。情島と諸島の間は潮流が速くタイなどの好漁場になっている。1966.12

秋から冬の間の帆船《はんせん》は殊《こと》に美しかった。白が冴《さ》えていたからである。

白いといえば、夏、中国地や四国地の山の上に立つ入道雲は壮大であった。真白な雲がむくむくと空にわきあがり、その影を青い海の面《も》に落としていた。毎日のようにその雲は立っていた。しかし秋風が吹き始めると、その雲はくずれ、横なびきになっていった。すると何ともいえない淋しさをおぼえたものである。

私は後に、この山の上から見た島や山をあるくようになる。島の大半に渡り、また、中国や四国の山地からはるかに白木山《しらきやま》を見て、感慨をもよおしたことも多い。そしてそのような旅はまだ終わりを告げていない。父は、私を白木山へ連れて登ることによって、私を旅人にした。

情島の路地。平地がほとんどない情島では海べりから、山の斜面に石を積んで建てた民家が密集している。1961.2

奇兵隊士の話

昭和初期の安下庄湾。古くから瀬戸内海航路の要衝であった。1866年、この海に停泊する幕府戦艦の砲撃によって、四境の役・大島口の合戦の火ぶたが切られた。

奇兵隊士の話

私ができるだけ古老の話を聞いて歩こうとした理由の一つは、明治維新《いしん》を境にして、村の生活はその前と後でどれほどの差を生じたか。どういうところが昔のままで残り、どんなところが最も改まったか、また、維新以前の人々が国家というものに対してどのように考えていたかを知りたいためであった。このような下心をもって古老の話を聞き始めたのは昭和七、八年（一九三二、三三）頃からであったと覚えている。当時は未《いま》だ江戸時代の終わり頃（一八四〇〜六〇年代）に生まれた人も多く、そういう人を探すのには大して苦心もしなかった。当時八〇歳ぐらいの人であればたいてい維新の彼方《かなた》で生まれていたからである。しかるに、一人の力ではどうすることもできず、時ばかりいたずらに過ぎて、もうその古老の多くは死んでしまい、あの大きな変革を目のあたり見た人はなにほどもいなくなった。そして私の態度も改めて来なければならなくなった。その多くの古老たちからの聞書のうち、その人たちの遭遇《そうぐう》した事件を中心にして誌《しる》してみたい。

＊

昭和一〇年（一九三五）の正月、私は故郷周防《すおう》大島の村々を防長征伐《ぼうちょうせいばつ》の様子を知っている人々を訪ねてまわったことがある。防長征伐というのは、長州藩が蛤御門《はまぐりごもん》の変に朝敵《ちょうてき》の汚名をうけて幕府の軍を四境《しきょう》（三三・四七頁註参照）にうけ、初め（慶応元年）は責任者の処断その他でひとまず講和となったが、藩内の急進派これに満足せず、ついにその翌年干戈《かんか》を交うる（戦争をする）に至って、かえって所々に幕軍を撃摧《げきさい》（敵を完全に破ること）し、やがて御一新《ごいっしん》の大変革への導火線《どうかせん》となった戦である。当時、大島も幕府の軍が南北両方面の海岸より上陸し、一時は完全に占領の憂《う》き目を見ようとしたが、長州藩の奇兵隊《きへいたい》がよく力戦して、数日を出《い》でずして一兵をも残らず駆逐《くちく》した。当時を知っている老人たちの息をはずませて語る軍物語である。

矢田部宗吉翁《やたべそうきちおう》もこの戦に参加した一人である。翁は大島郡小松町の医家杉原家に生まれ、のち矢田部家を嗣《つ》いだ人である。杉原氏は代々医を業としたので、翁もわずか一二歳にして修業のため萩《はぎ》に出た。まず漢学を学ぶべく岡田某の塾に入った。ある夜町はずれの墓場のそばを歩いていると、いきなり二、三の男があらわれて手にした書状を某の家に届けろ、否《いな》と言えば斬ると言って刀を抜いた。翁はいきなりその白刃《しらは》を握って「助けてくれ」と怒鳴った。幸い付近に家があって、戸を開けて出てくる者があって怪漢は蒼惶《そうこう》として（あわてふためいて）去った。翁が白刃の下をくぐったのはこれが初めてで、掌《てのひら》にはその刀痕《かたなきず》があった。

「刀はしっかり握れば多少斬れはするが手を落とすようなものではありません。」

と、その掌の傷を見せて語ってくれた。

当時、萩の漢学者では吉田松陰《しょういん》先生が最も声望《せいぼう》があった。年は若かったが私塾の先生としては若い血気の人々からの尊敬を集めていた。そこで翁は松陰先生の門に入った。先生はまるで気狂いのような人であった。講義中弟子どもの議論の激することがあって、納まりがつかなくなると

「斬れ。」

と怒鳴るように言われた。すると白刃を柱に斬りつけて議論をやめた。そういう時、年少の翁は胸の動悸《どうき》がとまらなかったという。しかるに入門してわずかに一週間、先生は野山の獄につながれ、やがて江戸に送られて斬られた。

これを境にして長州藩の若い武士の血が湧いた。やがて来るべきものが予想されて、藩論の如何《いかん》にかかわらず、その準備が進められた。そうして各地に義勇隊《ぎゆうたい》が組織せられた。これに参加する者は二、三男をもって主とするということであった。翁は萩にいたが、これという先生もいないので帰郷しようと思って柳井津《やないづ》まで帰って来ると、ちょうど柳井の奥の石城山《いわきさん》に南奇兵隊《みなみきへいたい》が組織されたところで、道にその隊士たちが待ちうけて隊士の募集をしていた。

「今にきっと幕府が攻めて来る。いや世界が攻めて来る。その時今の武士では間に合わぬ、われわれ二、三男の百姓兵でなくては役に立たぬ。命を惜しまぬ者でなければならぬ。そういう者は隊へ入れ」と言っている。翁は家へ帰って薬の配合をする手伝いで生涯をぬりつぶすのも惜しいと思って、ふらふらとその仲間に入ることにした。

南奇兵隊の総督《そうとく》は浦靭負《うらゆきえ》、軍監《ぐんかん》は秋良敦之助《あきらあつのすけ》であった。その幹部たりし者は多く海防僧月性《げっしょう》の弟子であった。月性は周防遠崎《とおざき》妙円寺の住職、「男子立志」の詩で有名な人であり、吉田松陰と親交があった。海防の急務を説き仏教護国論を書いた。その弟子には大洲鉄然《おおずてつねん》、世良修蔵《せらしゅうぞう》その他多士済々であった。不幸にして安政五年（一八五八）病死したが一説には毒殺せられたとも言われている。鉄然は大島郡久賀《くか》の覚法寺の僧、師の遺志をついで、伊藤惣兵衛《そうべえ》らと振武《しんぶ》

健武隊士写真。健武隊（けんぶたい）は農民など藩士以外の者で組織した長州諸隊の一つ。矢田部翁が入隊した南奇兵隊は第二奇兵隊と改称した後、1868年に膺懲隊（ようちょうたい）と合併し健武隊として再編された。

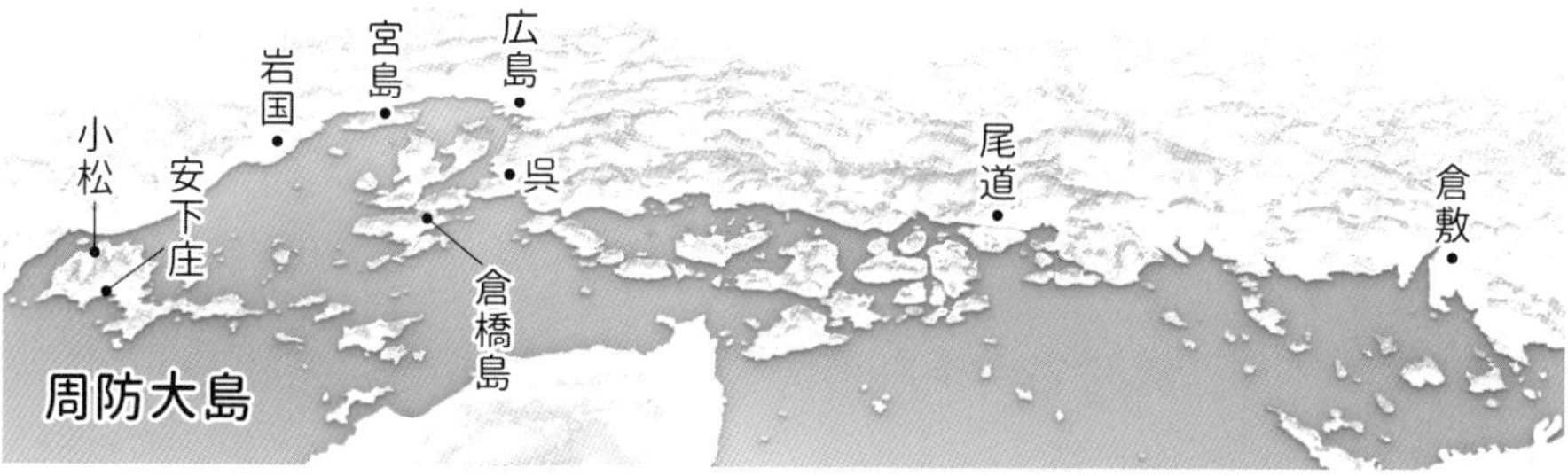

隊《たい》を組織した。のち他の諸隊《しょたい》と合併して南奇兵隊《みなみきへいたい》となった。南奇兵隊はさらに第二奇兵隊と改称した。隊士には檜崎剛十郎《ならざきごうじゅうろう》、世良修蔵《せらしゅうぞう》、林友幸《はやしともゆき》ら人傑《じんけつ》（才能、知恵の優れた人）が少なくなかった。そして山岳戦の訓練に最も力を注いだ。

矢田部翁はその小銃隊士となり、秋良敦之助《あきらあつのすけ》に愛せられた。

当時かくのごとき義勇隊に属すると否《いな》とにかかわらず、調兵訓練は各村において行なわれ、それは今日（執筆当時）の防空演習以上に熾烈《しれつ》をきわめていた。したがって甚《はなは》だ殺気立ったものであり、農民といえども武士を恐れなかった。

ある夕方、奇兵隊士が岩国藩領を通りかかって

「今何刻か。」

と聞いたのに対して、百姓が

「昨日の今頃。」

と答えたことから争いを生じた。小銃隊長立石孫一郎《たていしまごいちろう》はこれに対して強硬に百姓を処罰すべしと主張したが、檜崎剛十郎《ならざきごうじゅうろう》はいま藩内で争うことの不利を説いた。元来、立石は浪人者で長州の産《うまれ》ではなかった。したがって他の隊士とは肌の合わぬものがあったが、才智にたけ、また剣術の名人であった。論に敗れた遺恨から、檜崎が隊から帰るところを待ちうけて斬った。

当時、矢田部翁は所用で小松へ帰っていたが、隊に異変があったというので、海を渡って遠崎《とおざき》まで来ると立石派の者が待ちうけていて

「すでにして檜崎を斬ったからには隊におれぬ。この上は早く事をあげて倒幕《とうばく》の先鋒《せんぽう》とな

るつもりであるから、主旨《しゅし》に賛成して行動を共にせよ。」

ということであった。いやと言えば斬られるのにきまっているから、そのまま承諾して一同は大島に渡り、安下庄《あげのしょう》に勢揃いして、船を得て東に向った。

立石の意志は征東にもあったであろうが、一つには倉敷《くらしき》の代官所を襲うことも目的であった。彼の一族はその代官から迫害《はくがい》せられるところがあって彼もまた流旅《ながれたび》に出《い》でた。その意趣《いしゅ》をはらしたいとかねがね思っていた。船は玉島《たましま》（岡山県倉敷市）に着き、そこから進軍した。倉敷へ着いたのは夕方であった。代官は江戸出張中でひっそりしていたが、立石はこの代官所を襲った。女子供は斬るなという命令であったが、押し込んでみると女たちは長刀《なぎなた》をもって勇敢に抵抗して来た。翁はやむをえずその先頭をきって来る女を斬った。これが人を斬った初めであるという。

代官所を襲うてみたが結局それは無名の軍であった。長州藩は岡山藩にその討伐方《とうばつかた》を委嘱《いしょく》した。かくて四囲から討伐軍が押し寄せた。立石は観念して隊を解散することとし、生命あらば朝鮮征伐をしたいと告げた。隊士は三々五々四方に散った。江戸に潜行しようという者もあった。立石の言葉に従って朝鮮へ渡ろうとする者もあった。

矢田部翁はもうそういう野心は持たなかった。悪いことは悪い、当然処罰せられるべきであって、長州へ帰って斬られたいと思った。そんじょそこらの見知らぬ者どもと斬りあって野たれ死はしたくなかった。そこで故郷へ帰ることにした。志を同じくする者が三人いた。三人は昼は叢《くさむら》にかくれ夜は出て西へ西へと歩いた。

ある大きな川のほとりまで来た。川を渡ろうと思ってうろついていると渡し守《もり》の小屋が目についた。小屋には親父と娘がいた。事情をのべ渡してくれないかと言うと

「今は夕方の六時になると船をつないでしまって出すことができぬ。また川を渡ってみても駄目だろう。それよりはもう一週間ほどして来てくれ、そうすると潮も大きくなって船がいつでも川に浮いている。その時船に乗って川を下り、海を行くがよい。船は綱が切れたように装えばよいだろう。私が万事よいようにしてやるから。」

とのことである。翁たち三人は喜んで、それから山の方へ歩いた。ある松の茂った山の中に大きな百姓屋があるので、そこへ行ってわけを話して頼むと、主人は快く引き受けて、牛の駄屋《だや》のまぐさのたくさん積んである中にかくまってくれた。そして夜になると食物を運んでくれた。三人はそこで嬉《うれ》し涙にくれたという。この家の人々にも世の移り変わりはおのずから分っていて大の長州びいきであり、禁裡様《きんりさま》（天皇）の大切なことをよく知っていたという。七日ほどいて前の渡し場まで来てみると、小屋はひっそりして誰もいない。不審に思って付近の農家へ行って聞くと「渡しの約束をしたのはあんた方か。じつは渡し守の親父はそのことが役人の耳に入ったために、岡山の牢へひかれて行った。娘はまた首を吊って死んだ。気の毒なことをしたものだ。しかしあんた方は心配なさるな、親父が、ひかれて行く前に娘に言い残しておいた。娘がここへ来て、「もし三人の男が来たら、ここから二、三丁行ったところに古船が岸にあげてある。それに乗って行くがよい、と父さんが言いました」と伝言した。娘はその夜死んだのだが……。」と百姓は話した。三人は命をかけてまで約束を守ってくれた渡し守《もり》親娘に対してただ感謝のみであった。その時百姓が言った。

「今に、天朝様《てんちょうさま》（天皇）の世が来る。このあたりの人もそう信じております。あなた方もそういうことに働いていると聞きます。どうぞそういう世の中を早く作って下さい。渡し守《もり》の親父もきっと浮かばれるでしょうから……。」

翁は藩の境をこえた真実というものをそこに見た。密告すればいくらでも密告できたはずなのに、それをする者は一人もなかった。これはこの三人だけに限られなかった。武士に出逢って捕えられた者以外のほとんどが一応長州藩まで無事に帰っているのを見ると、かくのごとき農民の黙々たる援助が、他の人々の上にもあったと考えられるのである。

さて三人はそれから言われたところまで行ってみると果たして船があったので、それに乗って川を下った。そしてとにかく尾道《おのみち》の港を目指して漕いだ。

尾道まで来るとそこの大きな米問屋へ行った。

「これから周防《すおう》の大島まで帰りたいのだが、連れて行ってくれまいか。その便宜《べんぎ》を計らってくれ。」

と頼んだ。問屋の主人も倉敷騒動のことはよく知っていて一同の立場に同情し、船頭どもの中の骨ぶしのありそうな者に「周防まで送り届ける勇気のある者はあるまいか」と言った。すると、一人が命かけても引き受けましょうと申し出た。そこでさっそく船に米を積んで、その米は宮島（広島県廿日市市）まで持って行くことにして出帆《しゅっぱん》した。広島藩は特に取調べが厳重なので、三人は船底の俵の下に隠れる場所を作ってそこに潜んでいた。警固屋《けごや》（広島県呉市）というところまで来ると、果たして藩の役人が乗り込んで来た。そして
「どこへ行くか。」

と聞いた。

「宮島まで米を積んで行く。」

と船頭は明快に答えた。

「怪しいから調べてみるがよいか。」

と言って持っていた槍をぶすりぶすり俵の中に刺し込んだ。船底では三人は耳もとにぐざっぐざっという音を聞いた。もし刺されたらと観念していた。幸いにして事なきを得た。役人は船から去った。船頭ももしものことがあれば役人を海の中へ突き落とす考えであったと後で話しあった。

このようにして無事に宮島へ着き、さらにこの船に送ってもらって小松の浜へ着いた。命あって再び故里の土を踏んだのである。家へ帰る途中、寺の前を通ると白と黒の幔幕《まんまく》が張ってあるのが目についた。戻って来ると親は夢ではないかと喜んだが、寺の様子を話すと
「それは倉敷騒動に行った者のお仕置《しおき》がある。」

とのことであった。

「ちょうどよい。われわれもじつは斬られに戻って来たのだから斬ってもらおう。」

と言ってさっそく出かけて行ったが、役人は
「お前らの名は帳面に書いてないから斬られぬ。」

と言った。仕方がないので三人は久賀《くか》の勘場《かんば》（代官所）へ行って斬ってくれと嘆願《たんがん》した。ここでも駄目だと言った。

「しかし、手続きだけはとっておくから、この次のお仕置は熊毛《くまげ》郡室積《むろづみ》（山口県光市）で行なわれるから、そこへ行ってみよ。」

と言われた。別に縛られるようなこともなかったので三人はまたそれから室積まで行った。ここのお仕置場では一三人仕置になることになっていて三人の名が加えてあった。広場に筵《むしろ》を敷いて一列に並んで坐らされた。三人はそのいちばん端であった。いよいよここでさっぱりするのだと思って
「検断《けんだん》さん、検断さん、斬られるのはよいが目かくしをしてやられるのは面白くない。このままでやってくれないか。」

と言うと
「規則じゃから目かくしをせぬわけにはいかぬ。」

と言って目かくしされた。そのうちに首斬りが支度をしたらしく、右の端の方から斬り始めた。

「エイッ」という声がすると、首が落ちる音がする。それが隣りまで来た。いよいよ今度は翁の番である。待っていたが何のこともない。少しあたりがざわざわするように思っていたら目かくしをとられた。殿様から急使があって、死一等を免じて遠島《えんとう》を申しつけるとのことであった。それから三人は駕籠《かご》で萩へ送られ、相島《あいしま》へ流された。

たぶんは生涯をここで終えるのであろうと思っていると一週間ほどして放免された。萩へ戻ってみると事情は切迫して、幕府の軍がひしひしと国境へ迫って来ていたのである。そこで再び小銃隊士として小瀬《おぜ》川口広島方面へ出動す

ることになった。思えばじつにめまぐるしい転変であった。

その年は戦争にならなかったけれども、その翌年夏はついに兵戈《へいか》を交える（戦争になる）に至って、翁は小隊長として奮戦《ふんせん》し、敵軍を追うて広島に入った。この時、幕府の兵のあまりに弱いのに驚いた。訓練が十分にしてないので進退ともに何の秩序もなく、算を乱しての退却であった。

この時はどれほど人を斬ったか覚えてもいない。その翌年、長州藩兵は再び京都に入るを許されたので、生まれて初めて都の土を踏んだ。当時長州藩士の意気はあたるべからざるものであった。

その一月、鳥羽伏見《とばふしみ》の戦があった。会津《あいづ》（福島県）、桑名《くわな》（三重県）の兵は当時すでにその武名をうたわれていたの

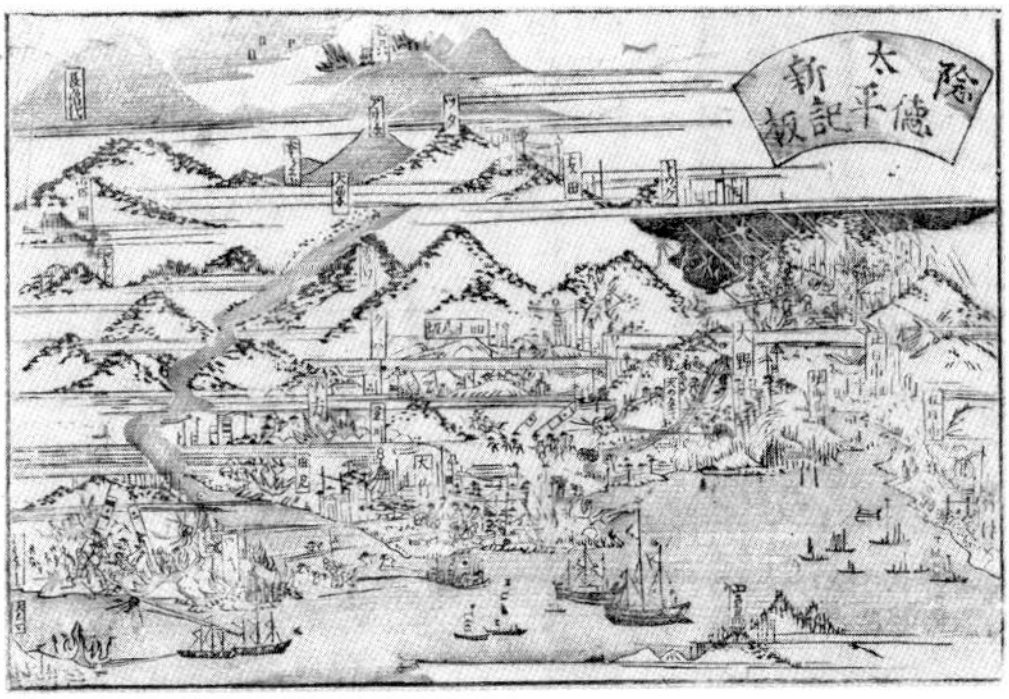

矢田部翁が参戦した四境の役芸州口合戦の図。藩境の小瀬川を挟んで長州藩と幕府方の戦闘が繰り広げられた。

◉四境の役

幕末のペリー来航以降、対外政策をめぐる意見の違いから、長州藩は幕府の方針と対立して政争を繰り返し、ついには武力衝突に至った。

1866年6月～7月には幕府軍およびそれに従う諸藩の軍隊が長州藩を攻め、大島口、石州口（島根）、芸州口（広島）、小倉口（福岡）の四か所で合戦が勃発した。この第二次長州征伐を地元では四境の役（四境戦争）と呼んでいる。

で、翁も戦死の覚悟を決めて、戦の前夜は祇園《ぎおん》に遊んだ。

戦の日は鳥羽街道《とばかいどう》において会津《あいづ》兵と衝突《しょうとつ》した。最初に何某という槍の名人が出て来て長州方へ相手を求めた。血気にはやった者が出て行ったが、こちらは百姓兵で力量の点では話にならず、全く一突きにやられてしまった。これをきっかけに一大遭遇戦《そうぐうせん》となったが、敵は団体訓練において劣っていた。一時は長州兵が退却気味であったが、盛り返して敵を追った。敵は強い者さえ倒せば後は大して恐るるに足らなかった。翁は奮闘《ふんとう》の結果、刀を折ってしまった。しかしとりかえる暇もなく前進していると

「助けてくれ。」

という声がする。気がついてみると野井戸があって敵兵が落ちている。大将株らしかった。

「刀をよこせ、助けてやろう。」

と言って、帯を解いて垂らし、引きあげてやった。そしてその刀を貰ってさらに前進した。

そういう乱戦の中にあって槍を振るって奮戦している敵の勇士があった。よき敵と思って向って行くと、敵もさるもの、鮮やかな腕でするどく突き出して来る。しかしばしば白刃の下をくぐって来ている翁《おう》は相手を斬るコツを知っていた。敵が槍をくり出す瞬間に手許に飛び込んで袈裟《けさ》斬りに斬った。槍は翁の右足の向脛《むこうずね》からふくらはぎに突き抜けた。柄《え》を伐り落とし、槍を引き抜いて手拭でくくってなお前進し、八幡《やわた》(京都府八幡市)付近に至った。そこで全く歩けなくなって、同僚に助けられ、医者の手当を受けることにした。この疵《きず》は夏ようやく癒《い》えたので、友の多くは東征大総督に従って江戸に入ったけれども翁は京都の警備に当った。ところがその一〇月、鳳輦《ほうれん》(天皇が乗る輿《こし》)東京に発せられることになり、翁は親兵小隊長として供奉《ぐぶ》する(お供する)光栄をになうた。時に年二一歳であった。立石に従って江戸改略を名として安下庄《あげのしょう》を出帆した日から四年、この度は、天子様(明治天皇)に供奉《ぐぶ》してその江戸についに入ることになったのである。翁はこの旅ほど感激に満ちたものはなかったと語った。そしてこの時ほど緊張して旅を

続けたこともなかったという。

尾張《おわり》（愛知県）の熱田《あつた》では、天子様は百姓の稲刈りをごらんになった。鳳輦《ほうれん》をとどめ、御簾《みす》をかかげて御覧《ごらん》になったが、かたわらには岩倉公（岩倉具視《ともみ》）が侍《じ》していた。翁はそのすぐそばにいた。百姓どもに下される饅頭《まんじゅう》が戸板の上に白く並んでいるのを、翁は欲しいものだと思いながら見ていた。

「何しろ若い時なので食い気は強かった。」

と語った。

東京へ着くと東北の賊軍《ぞくぐん》が未《いま》だ平らがず、苦戦しているとのことで出動を命ぜられ、それから直《ただ》ちに北に向った。そして五稜郭《ごりょうかく》（北海道函館市）に榎本氏《えのもと》（榎本武揚《たけあき》）の軍と戦った。

やっと平定《へいてい》して東京まで戻って来てみると、今度は長州藩に内乱が起っているからとて鎮定《ちんてい》に帰らされた。さて戻ってみると、内乱というのは戦争に出た人々が武器を捨てて帰農《きのう》を命ぜられたために騒いだのである。命をまともにかけて戦って、戻って来たらおっぽり出すというのであればあまりに話が分らぬではないか、というのがこの人々の言い分であった。一応もっともであったが、鎮定《ちんてい》を命ぜられたのであるから、不服の者は討たねばならぬ。昨日までの友は今日敵として戦わねばならぬことは翁《おう》には忍びなかった。そこで一応内乱が納まってから故郷へ帰って来た。中央からは上京を促した。将校としての位置を与えようとのことであったが、家族の者も再び出ることを禁じたので、杉原家の薬剤師として働くことになった。爾来《じらい》七〇年。華々しかった二〇歳代までの生活に比して、全く平凡な年月を送った。友の多くはのち出世して大将大臣になった。しかし翁《おう》は別にうらやむ気もなかった。それはこの片田舎にいてもまことに住み心地がよかったからである。維新の大業をわずかながらも補翼《ほよく》（補佐）し奉《たてまつ》ってめぐり来《きた》ったこの世は、翁《おう》の少年時に頭に描いた世界よりもうちょっとよかったという。そのいちばんよかった点は役人や侍に対してつべこべ頭を下げたりへつらったりしなくても生きて行けたことだという。

世間師

周防大島長崎。海岸に沿って家々が並ぶ。宮本の生家も海に面していた。1961.1

世間師

日本の村々をあるいて見ると、意外なほどその若い時代に、奔放《ほんぽう》な旅をした経験をもった者が多い。村人たちはあれは世間師《しょけんし》だと言っている。旧藩時代（江戸時代）の後期にはもうそういう傾向が強く出ていたようであるが、明治（一八六八～一九一二）に入ってはさらに甚《はなは》だしくなったのではなかろうか。村里生活者は個性的でなかったというけれども、今日のように口では論理的に自我を云々しつつ、私生活や私行の上ではむしろ類型的なものが強く見られるのに比して、行動的にはむしろ強烈《きょうれつ》なものをもった人が年寄りたちの中に多い。これを今日の人々は頑固だと言って片付けている。

宮本市五郎と増田伊太郎は隣同士で姻戚《いんせき》（結婚によってできた親類）でもあった。しかし、二人の人間がその生活の上で拘束せられることもなかったし、その私生活への干渉もなかった。したがって一人が他に強い影響を与えるというようなことも少なかった。その晩年を見ている私にはお互いがお互いを非難するようなことは少しもなくそれぞれの道をあるいていた。

一

私の郷里は江戸時代の後期になって特に人の増えたところである。そうして天保《てんぽう》頃（一八三〇～一八四四）にはもう飽《ほう》和状態《わ》になっていた。そのくせ分家《ぶんけ》はどしどしさせていたのである。これは農業以外の職業で飯を食う事ができたからである。もとより、村内にそうした仕事があったわけでなく、村外にあった。大工《だいく》・木挽《こびき》・石工《いしく》・水夫《かこ》・浜子《はまこ》など、男の働き口はいくらでもあって、二、三男はそうした仕事を求めて他郷へ働きに出かけた。私の知っている範囲の古老で、出稼《でかせ》ぎに出なかった者はほとんどなかったと言っていい。増田伊太郎もそうした一人であった。

慶応元年（一八六五）長州征伐のあったとき、伊太郎は年が一四歳であった。当時は一五歳で若者組《わかものぐみ》に入り、若者組に入れば大人と認められたのであるが、伊太郎は一四歳でまだ子供だったが、父親が病気のため、前髪のまま（額の前で髪を束ねたまま＝元服《げんぷく》前）で人夫として出ていった。紺の着物を着て、腰に一本脇差《わきざし》を差し、竹槍を持って出ていったのである。まだ子供だというので、近所の庄吉どんについていった。庄吉どんは分別《ふんべつ》のよい男であり、また世間師《しょけんし》の一人であった。そして始終伊予《いよ》（愛媛県）の方へ出稼ぎに行っていたが、戦争が始まると人夫に狩り出されたのである。

この連中は戦争に行くのが面白くてたまらなかった。とにかく皆世間師《しょけんし》で、無鉄砲なところがあり、何か事の起こるのを望んでいたのである。そこで戦争が始まると実によく働いた。この戦争は一種の郷土防衛戦であったから武士も百姓も区別なしに働いた。その上、戦闘の中心になった奇兵隊《きへいたい》や振武隊《しんぶたい》の隊士は百姓の二、三男や同じ大工仲間であった者が多かった。同じ部落の吉賀老などは萩大工で萩の方へ出稼ぎに行っていた人だが、山口を通りあわせたとき、奇兵隊が隊士を募っていたので、何気なしにフラフラと入隊してしまったのである。よくホラを吹き、またそのホラを自分も信じてしまうような人であった。あるとき、

「白木《しらき》の山の上にあがると、大阪の川口が見える」

と言い出した。

「そんな馬鹿な事があるか」

と相手の男と論戦になって両方とも譲らない。とうとう二人で山の上へ上って確かめる事になった。さて山へのぼっ

て見ても川口らしいものは見当らない。

「見えんではないか」

となじると、

「なあに島が邪魔《じゃま》しとるからで、あれをとったら見える」

と言った。この人が年をとってからの事であった。大勢が雑談しているところへ行きあわせた。みんなフグの毒《どく》のおそろしさについて話しているところであった。

「そんな事はない」

宮本の生家の沖にある真宮島。潮が引くと沖の島と陸続きになる。宮本常一少年期のスケッチ。1916

こんどはこの老人が反対し始めた。

「そんなら爺《じい》さん食べてみい」

と詰め寄られて、

「おお、なんぼでも食べますで、食べて見せますで、食べて死ななかったらいくらくれる」

「五円やる」

ということになって、この老人フグを食わねばならぬ事になった。この地方ではフグを食べて死んだという話はいくらも残っている。だから近ごろ食べた者はない。そのため海にはフグがすこぶる多い。釣りあげてもたいていは逃がす。釣針にはいたって掛かりやすいのである。爺さんはフグを食うと言うた手前、釣らなければならなかった。ヤドカリを餌にして石垣の上から釣糸を垂れると、五寸から八寸くらい（一五～二四センチメートル程度）のフグがいくらでも釣れた。物ずきなのが食べるのを見ようやと、爺さんの家へついて行った。爺さんは猫をよんで試みに一匹を猫にやった。猫はそれをくわえてどこかへ行った。それで安心して、

「見い、猫でも食うじゃないか」

と言って得意になってフグの皮をとって、はらわたも出し、頭もとって煮たのである。そしてみんなの前で食べて見せた。すると見物に行っていた一人が、

「爺さん、フグは猫も食わんよ」

と言って、さきほどの猫の持っていったフグをまたどこからか持って来て見せた。さすがに爺さんギョッとしたが、

「おお、猫も食わんものを食うのがえらいのじゃ。なァにお前たちより一足先に極楽へ行くまでじゃ、極楽はええぞ」

と強がりを言った。ところが爺さん死ななかったのである。そうしてすっかりフグの味をおぼえた。それから毎日フグを釣っては食べた。

「爺さん極楽へはいつ行く?」

「さァて、まだ迎えがこんが、大方この海のフグをみな食うてしもうた頃になるじゃろう」

爺さんは海のフグをみな食べてはしまわなかったが、とにかく、それからかなり長生きして死んだ。

奇兵隊《きへいたい》や振武隊《しんぶたい》に入った連中はまだ外《ほか》にも多かったが、性格はどうやら相似たものがあった。

振武隊へ入っていた一人は字を一字も知らなかったが、隊の布令《ふれい》(命令や決まりごと)などすっかり丸暗記していた。長い文句をよく憶《おぼ》えたものだと驚くほかなかったが、この人あるとき文書を渡されたが字が読めぬので逆さにしていかにも読めるような顔をして見ていた。持って来た男が、

タコとカニ。宮本常一少年期のスケッチ。

「それは逆さです」

と言ったら、

「お前に見せているのだ」

と事もなげに答えたという。

これも同じく振武隊員《しんぶたいいん》だった男が年をとってからの話である。道を歩いていると若い男と行きあった。若い男は、

「爺さんどこへ行く？」

と聞いた。

「足の向いた方だ」

「へえ、爺さんの足は北と南を向いている。海と山と両方へ行きなさるとみえる」

とやり返した。爺さんはたいへんな外輪足《そとわあし》（ガニ股）だった。

「おうおう、海へも山へも行きゃァせん。鼻の向いた方じゃ」

と言った。

とにかくこうした連中はいずれもたいへん臍《へそ》まがりで、頑固で、しかもどこか抜けた所のある連中であった。それはその頃の島の人に共通した気風であったかもわからない。そこでこうした笑い話を限りなく生み出したのである。

しかし、そうした事が取り返しのつかぬほど大きい問題を起こした場合もあった。長州征伐《ちょうしゅうせいばつ》の起こる少し前の事であった。奇兵隊士《きへいたいし》が二人、隊の本部である石城山《いわきさん》へ帰るために、夕方岩国藩領の村を通り過ぎ、道ばたにいた百姓に、

「いま何刻であろう？」

と聞いた。百姓は、

「昨日の今頃」

と答えた。こういう冗談は気の合うた者同士ならばよく言うのであるが、隊士の一人は侮辱《ぶじょく》するものであると怒った。それをもう一人がなだめて、やっと本部へ帰ったが怒った隊士はこのことを小銃隊長の立石孫一郎《たていしまごいちろう》に報じた。立石も武士を侮辱するものとして百姓を処分する事を隊の幹部に諮《はか》った。ところが、書記役の楢崎剛十郎《ならざきごうじゅうろう》はこれに反対した。楢崎はもともと百姓出身であり、この地方の農民の気風はよく心得ていたが、立石は備中倉敷《びっちゅうくらしき》（岡山県）の者で、浪人して放浪中なかなかの剣士であることを見込まれ、奇兵隊に入って小銃隊長にあげられたのである。さて議論は楢崎の言い分が通ったが、立石はその事に侮辱を感じ、その夜楢崎が隊から帰るところを待ち伏せて斬って捨てた。そうして隊を脱走して仲間を集め、備中倉敷代官所を襲《おそ》うたのである。

隊士に限らず、この地方ではこうした冗談も通用しないような人は歓迎されなかった。そうした気風のみなぎっている中で長州征伐は起こされた。

その前年尾張《おわり》（愛知県）の殿様が長州征伐のために広島まで下って来たとき、この殿様は寛大な人で、何とか事を穏便に片づけようとしていろいろ苦心したが、長州の連中は、

いくさが㊇か、それとも㊇か、どうせ㊇であろう、そんなら㊇か

という落書を広島の町の辻々《つじつじ》に貼ったという。㊇は尾張の殿様の紋である。それをもじって、「いくさがはじまるか。それともやまるか。どうせやまるであろう。そんならまるはじか」と読むのである。落書は庶民のレジスタンスとして盛んに利用されたものであるが、ここでは完全にからかいであった。

またその頃、奇兵隊士たちの間にはやったヨイショコショ節にも、

関《せき》（下関）のヨイショコショは前田の沖でうまくやけます薩摩芋《さつまいも》

あいつ（会津《あいづ》＝福島県）いなして、よいかか（加賀《かが》＝石川県）もろて、長しゅ（州）盃してみたい

などというのがあり、前者は下関の前田の沖で薩摩（鹿児島県）の軍艦《ぐんかん》を砲撃したときの唄であり、後者は第二回長

州征伐の時の唄であった。

二

伊太郎もそうした気運の中で成長し、この戦争に参加したのである。しかし戦争中は年が若いので人夫としても後方にいて、たいして目立った働きはしなかったらしい。そしてとにかく、大島は一時幕府軍に占領せられたけれども、奇兵隊《きへいたい》が救援にやって来ると数日のうちにまた完全に奪回してしまったのである。そして何人かの捕虜が屋代《やしろ》というところの農家の牛の駄屋《だや》につながれた。人々は珍しがって、それをぞろぞろ見に行った。伊太郎もその一人であった。

「みな気のよさそうな男でのう。おまえら打ち首になるんぞォちうと、大きな声をあげて泣いて……。なァに捕虜は殺しゃせんという事がわかっていたから、わしらみんなで捕虜をかもうたのよ。みんな松山のあたりの者じゃった。——おまえら、この島の家を焼いた仲間じゃろう、と言うと、手を合わせて違います、違いますちうてのう」

伊太郎は年をとるまでよくこの話をした。この捕虜たちはその後旅費から着物まで与えられ伊予《いよ》（愛媛県）へ送り返されたのである。

「それからのう、まだ島の中には伊予の兵隊がたくさん隠れているに違いないから捜せという事になって、わしは庄吉どんについて、山の中を捜しあるいた。「そら出た」と脅かされると、たまげてな。いっときは睾丸《きんたま》が縮《ちぢ》み上ったもんじゃが、なァにどこにもそういう者はおりはせん。そこで家へ帰ろうという事になって、牛まるぎの坂（村の西方にある）を下りよったら、下から破れてしもうた着物を着た侍が上って来る。髪も乱れてしもうて、伊予の侍らしかった。向うは侍、こちらは百姓、まともに斬り合うたらこちらが敗けるに決まっている。わしはかむげ（頭髪）が一本立ちになってのう。庄吉どんも黙ってしもうて、引くにも引けずとうとう行き遭《お》うた。そうして通り過ごしてから、庄吉どん振り返って「どこへ行くでござる」と聞きおった。するとその侍も振り返って「八幡さまへ参るでござる」とじっとこちらを見据えた。庄吉どん偉そうに「許してつかわす。お行きなされ」と言いおった。このおやじ、偉そうな事を言うわいと思って、しばらく下って来てから「おじさん、えらいもんじゃのう、おらかむげが一本立ちになったが」ちうたら、「わしもそうよ、ところがのう、行きちがうとき、ちょいとおらの睾丸《きんたま》へさわって見たら垂《た》れておるがな。睾丸が垂れておったら相手に負けるもんじゃないというから元気を出したのよ」と言いおった。わしゃそれから困った事があると、睾丸をいろうてみることにしているがのう」

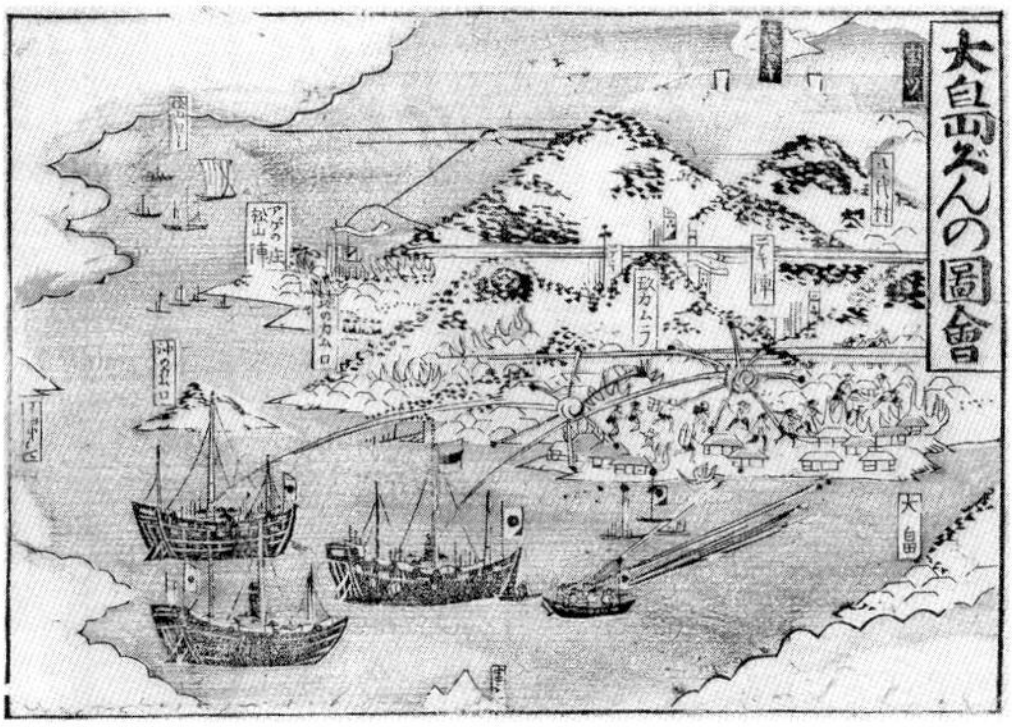

四境の役・大島口合戦の図。大島沖に停留する幕府の軍船が描かれている。

◉幕府軍と戦った四境の役

「この戦争はある意味では衆目の中でおこなわれたもので、国木台（久賀）の戦いには多くの百姓が参加し、安下庄源明峠の戦いには島内の直接戦争に参加しなかった住民が何百人というほど安下庄に近い山の上まで見物にいって戦争の様子を見ている。それだけではない。淡路あたりから船で見物にきた人もあった。これは大島口の戦いだけではなく、小瀬川口の戦いでも同様で、安芸藩の村々では多くの百姓が仕事を休んで戦争見物に出かけるので庄屋がこれを差し留めたところもあった。ただ戦争が面白かったのではなく、そこで時勢をよみとることができたのである」（宮本「東和町誌」）

三

戦争がすんでから、伊太郎は木挽《こびき》になって伊予《いよ》（愛媛県）から土佐《とさ》（高知県）の山中へ出稼《でかせ》ぎに行くようになった。どこへ行っても皆ひどい暮らしをしていた。しかし木だけは大きなのが茂っていて、それを伐《き》り、また板にするのである。多くは船材になるものであった。毎日毎日山の中での暮しはよいものではなかった。

何の因果《いんが》で木挽《こびき》をなさる、若い身空《みそら》を山奥で
木挽木挽と一升飯くろて、松の本口《もとくち》ないたげな

そういう歌をうたいながら木を挽《ひ》いたのである。そうして半年稼いで、一両も儲ければよい方であった。一五の年に初めて伊予の山中へ入って、その年の暮れに、正月をするために郷里へ帰る事になった。仲間の者とは別になって、一人で帰る事にした。そうしていよいよ帰ると決まると、家が恋しくてたまらなくなった。荷物を振りわけにして、夜も昼もなく三津《みつ》ヶ浜《がはま》まであるいた。途中にはいくつも峠があった。そうした峠には追剝《おいはぎ》の出るというものもあった。その峠の下まで来たとき日が暮れてしまった。道ばたの農家で道を聞いたら、夜越す山は迷いやすいし、追剝も出るから泊まって行けと言うのをふりきって出た。そして畑のほとりに立ててある杭の手ごろなのを一本引き抜いた。脇《わき》差《ざし》は一本差している。それにこの棒を差すと大小になる。真っ暗な中でも慣れてくるとたいていの場合はおぼろげに見えるものである。頂上近くまで来ると上から下りて来る者がある。向うも提燈《ちょうちん》をつけていないから怪しい者に違いない。いよいよ追剝に出逢ったな、と思って、睾丸《きんたま》を握ってみると垂れている。声をたてると子供だと知られるので、相手が何を聞いても答えまいと決めて行き過ごした。相手はこちらが二本差しているので恐れをなしてか道をよけて過ぎていった。すこしのぼると、後の方で声がする。「いまのぼったのは？」「侍じゃ」と言っているのである。追剝の仲間の会話らしかった。峠を向うへ越えると一目散に走った。

その翌日の夕方三津《みつ》ヶ浜《がはま》へ着いた。故里への便船があるかと聞くと翌朝出るという。宿へ泊まるには宿銭が要るの

で、浜へ寝る事にした。荷物を枕にして、丸くちぢまって寝た。

さて夜が明けて目がさめて見ると、渚《なぎさ》近くまで転がっていた。驚いて見まわすと荷物がない。てっきり盗《と》られたものと思って血まなこになって探すと、浜のはるかに上の方にそのままあった。

こうして初めての出稼《でかせ》ぎの旅を終えて家へ帰ったのである。

神社を建てる大工たち。長尾八幡宮（西安下庄）。1926
四国への出稼ぎで腕を磨いた大工が地元の神社仏閣の建設でも活躍した。

四

木挽《こびき》という仕事はまことに味気ないものであった。元来伐木《ばつぼく》の仕事を杣《そま》と言ったが杣は大木を伐《き》り倒す先山《さきやま》と、伐り倒した木を胴切にし、さらに板にする後山《あとやま》にわかれていた。先山というのは鋸《のこぎり》は使わなかった。どんなに大きな木でも斧一挺《おのいっちょう》で伐り倒すのである。これはなかなか力が要った。木を伐り倒すと、枝を払って幹だけにする。さて、その大きな木をそのまま運べるものではないから、丸太ならば川へ流せるほどの長さに伐って川まで落とすのであるが、山の深いところでは板にしたものを背負うて里に運んだのである。

さて、木を伐り倒す時に天狗《てんぐ》のとまり木だけはよほど気をつけねばならなかった。上の方で大きい枝の出ているような木にそういうのが多かったが、天狗に断りを言わないで伐ると、たいてい伐り倒した時にはね飛ばされるか木の下敷になったものである。骨は粉々になり、頭の鉢が割れるようなこともあった。

石鎚山《いしづちさん》は天狗の巣で、その天狗が時々山を渡りあるく事があった。風もないのに木々の梢《こずえ》が大風の吹いているようにざわめくのである。また夜半に山が裂《さ》けるような大きな音がしたり、木の倒れたりすることがあった。これを天狗の倒し木と言った。さて夜が明けてみると何のこともないのである。

山中に小屋《こや》掛《が》けして仕事をしているときには一晩中イロリの火を絶やしてはいけなかった。いつ魔物がやって来るかわからないのである。まず狼《おおかみ》がやって来る。もとは狼が多かった。ウォーッウォーッと山の尾根のようなところで鳴く声はすごかった。それがまた決まったように夜更けになると小屋の周りへやって来る。狼は小便好きで、小便を飲みに来る。それで、小便を飲まさないようにするために小便樽《しょんべんたご》の底はたいてい抜いておいた。それでも樽《たご》の縁《ふち》についたのを甜《な》めに来ることがあった。

狼《おおかみ》は千匹連れと言って必ず千匹が群をなしていて、人が山でも越えるとついて来るものであった。そして石や木の根につまずいて倒れるようなことがあると、襲いかかって骨も残さず食うてしまうたものである。また狼というものは悪口を言うと必ず祟《たた》るもので障子《しょうじ》の桟《さん》にでも千匹が隠れる事があり、じっと聞き耳を立てているものであった。

山道をあるいて戻って来た時には外の方を向いて「ごくろうでござった」と狼にお礼を言わねばならぬ。狼の悪口も言わず、狼の気に逆らうような事をしなければ、狼は逆に人を守るものであった。

夜行水《ぎょうずい》など使って捨てるとき、必ず「寄ってござれ」と言わねばならぬとされた。狼にかかるといけないからである。

狸《たぬき》は人に危害を加える事は少なかったが悪さをして困った。谷をへだてた遠くの山で火がチンガラチンガラ見えるような時はたいてい狸のしわざであった。その遠くに見える火は、実は目のすぐ前でいたずらをしているのであって、

四国山地。寺川より東方の吉野川の谷を望む。1941.1

棒切れでも持っていて、いきなり足もとを叩くと手ごたえのあるものであった。

狸は夜半よく小屋へいたずらに来た。戸をほとほと叩くので、出て見るとたいてい誰もいない。外の木の陰などに隠れて見ていると、戸のところに倒立《さかだ》ちして尻尾で叩いているものだそうである。

一番困るのは夜半のいたずらで、イロリの火でも消えると小屋の中へ入って来て顔を前脚でなぜまわしたり、甜《な》めたり、時には胸の上に上ったりする。

山小屋で仕事がすんでからの夜の話というのはこうした狐狸天狗《こりてんぐ》などの妖怪譚《ようかいたん》が主であった。そういう話が毎夜際限もなく続き、村里から買うてきた濁酒《どぶろく》が呑《の》まれるのである。土佐《とさ》（高知県）はこの濁酒の製造のきわめて盛んなところであった。こうして酒だけは自然に強くなった。

里に近いところで仕事をする場合には申し合わせたように皆娘の家へ遊びに行った。木挽《こびき》は百姓の奉公人《ほうこうにん》などと違って旦那《だんな》に仕《つか》えてへいこらへいこら頭を下げる必要はない。仕事が気に食わなかったり、雇主が横柄《おうへい》だったりしたら、さっさと帳場《ちょうば》（代金をやりとりする勘定場のこと、転じて仕事場。ここでは雇い主の意味）を替えればよい。それだけにザックバランでいじけたところがないから、娘たちには好かれた。そうしてそのまま山中で養子などになって居着いた者はきわめて多かった。

伊太郎はこうした木挽生活を七、八年も続けたが、それにしても山の生活は味気ないもので、もっと人臭いところで生活したいと思って二〇歳を過ぎて大工の弟子になった。普通大工の弟子の修行は五年から七年とされたものであったが、伊太郎は年をとっていたので、師匠に二ヵ年ほどついて一人前の大工になった。

五

そうしたところへ西郷《さいごう》騒動（西南戦争《せいなん》）が起こった。そうして熊本の町が丸焼けになった。その町の復興のために、大工や人夫がたくさん必要だという噂《うわさ》が伝わって来ると、大工や左官《さかん》、石工《いしく》などが群れになってどしどし下っていった。伊太郎もその中の一人であった。

熊本の復興は目に見えて早かった。伊太郎は町の郊外の村長のうちの納屋《なや》を借りて、そこから仕事場へ通った。この村長は西郷びいきで、征韓論《せいかんろん》に大賛成で、西郷の征韓論が勝てば、自分も槍をひっさげて朝鮮へ渡るつもりであった。子分というか家来というか仲間の者が千人近くもいたという。西郷騒動の時には当然西郷の方へつくべきはずだが、つかなかったのは下手をして死んでしまっては朝鮮征伐ができないと考えていたからであった。伊太郎はこの村長の大法螺《おおぼら》が真から好きであった。出稼《でかせ》ぎ職人の野放図《のほうず》な伊太郎もまたこの村長に愛されたようである。

さて伊太郎は何人かの仲間と仕事していたのだが、皆若い連中だったので夜になると娘の家へ遊びに行った。ついでにどこかの家へ忍び込んではニワトリを盗《と》って来た。この地方の農家はたいていの家でニワトリを飼っていた。時計の代用《だいよう》にしていたのである。昼間は放し飼いにして辺りの穀物《こくもつ》を拾わせる。夜になると戻って来て入口を入った土《ど》間《ま》の上のとまり木に上って寝る。そこで、夜半《やはん》娘の家へ遊びに行った帰りに、どこかの家の大戸を開けて忍び込み、このとまり木のニワトリを一羽盗んで来る。そして毛をむしって肉鍋にする。この地方では鶏肉は食わなかった。鶏肉に限らず牛肉なども一般には嫌ったものであるから、ニワトリが盗《と》られて食われている事に気付く者はしばらくの間はなかった。一羽見えなくても帰り遅れてどこかに寝ているだろうぐらいに考えていたのである。そのうちに村の中のニワトリが何十羽というほどいなくなったので初めて気がついた。「どうも長州から来た大工どもが盗《と》って食うているようだ。けしからぬ奴じゃ」という声があがって来たが、別にとりたてて責める事もなかった。ただ困った事は、戸締りが厳重になったため、娘のところへ遊びに行けなくなってしまった。

若い大工どもは、追々引きあげていったのだが、伊太郎だけは帰らなかった。村長の仲人《なこうど》で、すきな娘と結婚して入婿《いりむこ》になってしまったのである。

ところが伊太郎には家の方に結婚したばかりの女房がいた。おとなしくて働き手で、伊太郎にはすぎた嫁だと言われていたが、本人はそういう事もおかまいなしに他郷《たきょう》で入婿養子《いりむこようし》になっていた。そして呑気《のんき》に暮らしていた。家の方では二年も経ってなお戻らぬので、人を頼んで様子を見に行ってもらうとこの有様なので、とにかくそれは間違っていると言って連れ戻して来た。

「お前がいらぬ事をするから、わしはせっかく肥後《ひご》で面白くやっていたのに……」

戻って来ると伊太郎は女房にそう言って毒づいた。しかし女房が嫌いだったわけでもなければ、また女房にすまぬことをしたという気もなかった。

家へ戻ってしばらく遊んでいた伊太郎はそれから間もなく鹿児島へ出かけて行った。伊太郎の師匠の原さんという大工が、鹿児島へ真宗寺を建てる工事を請負《うけお》ったので、その仕事をするためについて行ったのである。この一行は鹿児島でなかなかよい仕事をした。そうして土地の人もその仕事ぶりに目を見張った。鹿児島の民家は一般にお粗末であった。よい仕事をする者といえばお殿様のお抱え大工くらいであったが、長州から来た大工はなかなかよい仕事をするという評判があった。

六

鹿児島は役人どころ、軍人どころで、たくさんの人が東京へ出ていった。それらの中の誰かが帰って来て、伊太郎らの仕事ぶりを見て、東京へ行かぬかと誘った。それは面白かろうと、この一行は東京へ出かけることにした。

そのまえ、原という人は西郷騒動の頃鹿児島で仕事をしていたのであるが、騒動がもちあがってから金ももらわずに鹿児島を立ち去った。それが再び鹿児島を訪れた時もしいて取立てをしようともしなかったので、その鷹揚《おうよう》な態度に義理堅い鹿児島人は感激して、ただの大工としてではなしに尊敬してくれたのである。

そこで東京へ出てからは主として鹿児島出身の海軍士官の家を建ててあるいた。そういう家は三田《みた》、高輪《たかなわ》、品川《しながわ》などに多かった。

東京で働いているうちに、明治二四年（一八九一）濃尾《のうび》地方（美濃《みの》＝岐阜県南部＝から尾張《おわり》＝愛知県西部＝にかけて）に大地震があって四〇〇〇人もの死者を出し、また多くの家が倒れた。大工たちはそのため各地からこの地方に集まって来た。伊太郎もまだ地震の十分に揺れ止まぬうちに美濃《みの》へ行った。人々は竹藪《たけやぶ》の中などに蚊帳《かや》を吊って寝ていた。

伊太郎は東京で働くよりは美濃で働く方が面白かった。しかしそれは伊太郎一人だけではなかった。東京は金儲けはよかったが、家はギッシリ詰まっているし、絶えずヘイコラと頭を下げていなければならなかった。山本権兵衛《ごんべえ》の

濃尾地震直後の岐阜市街。1891

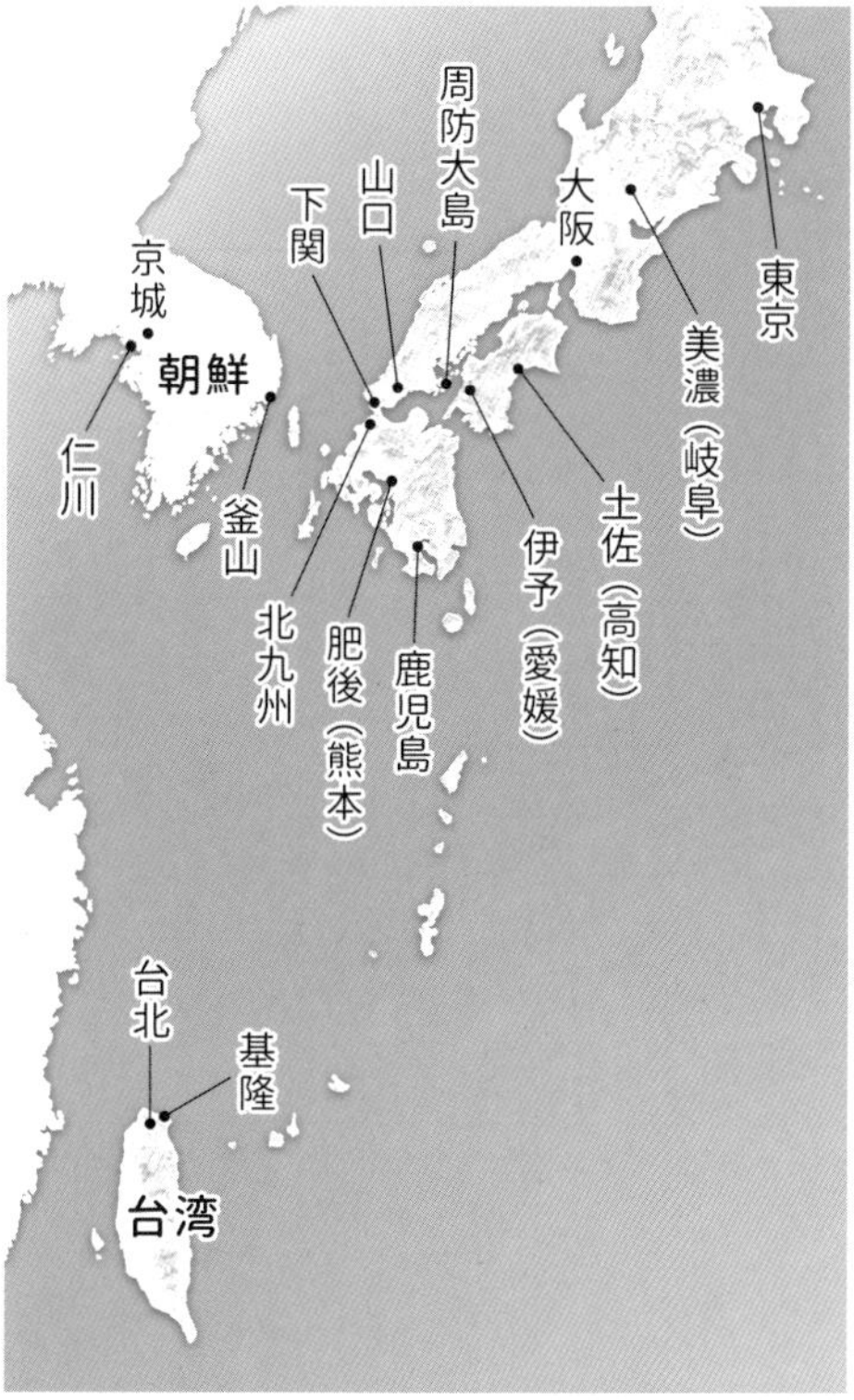

増田伊太郎の足どり

家へ仕事に行った時など権兵衛がひどくむっつりしていて大工どもにはろくに言葉もかけなかった。「この馬鹿たれ糞くらえ」と思ったそうだが、この人が後に海軍大将で海軍大臣にまでなってびっくりした。「ようまァあんな男が」と思って、どうも腹の虫がおさまらだったら、シーメンス事件（ドイツ製の巡洋艦購入にかかわる贈賄事件）で失脚《しっきゃく》した。

「まァそれくらいの男じゃった」と伊太郎はよくその話をした。

ところが美濃《みの》へ来ると大工は大事にせられた。人々は親切だし、こちらも手に職を持っているのでいちいちヘイコラする必要はない。その上どこかに酒盛でもあると、たいてい招かれる。歌が上手で芸が達者《たっしゃ》で、よく世間をしっているから座持ちはよかった。それで毎晩というほど飲む事があった。心安い娘もできたし、何一つ不自由はなかった。

しかしその仕事も一、二年で片付いたので一応郷里へ戻って来た。女房はまるで後家《ごけ》のような生活をしていた。そして今度出ていく時はついて行くと言う。金も送らず好きな事を仕放題にされたのではたまらないからである。幸い山口に仕事があったので、今度は家族を連れて山口へ行った。その間に日清戦争があり、日本は大勝を博し、台湾を領土にした。一緒に仕事していた仲間が台湾へ行ってみようではないかと言うので、妻子を郷里へ帰し、台湾へ渡る事にした。そうして門司《もじ》から船に乗った。乗客は台湾で一旗あげようという者でいっぱいであった。

その頃まで芸人たちは船賃はただであった。そのかわり船の中で芸を見せなければならなかった。昔は遊芸《ゆうげい》の徒《と》の放浪は実に多かった。それは船がすべてただ乗りできた上に、木賃宿《きちんやど》（安宿）もたいていはただで泊めたからである。だからいたって気楽であって、いわゆる食いつめる事はなかったし、また多少の遊芸《ゆうげい》の心得があれば、食いつめたら芸人になればよかった。だから「芸は身を助ける」と言われた。芸さえ知っておれば飢《かつ》える事も置いてけぼりにされる事もなかった。台湾へ渡る船の中でも、そうした芸人たちが歌ったり踊ったり手妻《てづま》（手品）をして見せてくれるので退屈どころか、いつキールン（基隆）へ着いたかわからぬほどだった。

キールンへ着くと台北《たいほく》へ行った。仕事はいくらでもあった。総督府というものができるのでまずその仕事をした。そのほか軍隊の兵舎を建てたり。

その頃は伊太郎も棟梁《とうりょう》になって大工五、六人で帳場《ちょうば》を持っていた。請負師《うけおいし》から仕事をもらって帳場を立て、工事の一部分を任されて仕事をするのである。いたって野放図《のほうず》で行きあたりばったりの男だが、仕事だけは実によい仕事をし、また責任を負ってやった。そこですぐ相手に気に入られ信頼され大事にされた。だから仕事がなくて困ったという事はなかったが、女のいないのに困った。よいのはやっぱり百姓の娘で、心やすくなると何から何まで身のまわりの事までしてくれるのが一番ありがたかったし、つい夫婦気どりになってしまうのである。台湾ではそれがなかったので面白くなかった。

それで台湾を引き揚げる事にして下関まで戻って来ると朝鮮へ渡る大工仲間に遭《お》うた。その頃日本はこの半島にもだんだん勢力を伸ばしつつあり、釜山《ふざん》や仁川《じんせん》へはたくさんの人が渡っていた。伊太郎も同僚から朝鮮の話を聞くとつい自分も行く気になった。そして玄界灘で大時化《おおしけ》に遭うて死に生きの目におうたが、どうやら助かって釜山《ふざん》に着き、そこから仁川《じんせん》へ行って京城《けいじょう》へ入った。西郷騒動のあと、肥後（熊本）でよく話を聞かされた朝鮮へとうとうやって来たのである。しかし思ったほどの事もなかった。それで一年余りで引き揚げて来た。

それから大阪や北九州でしばらく稼いでみたが、その頃になると職人も仕事が面白くてたまらぬというような者は次第に少なくなって、ただ金儲けが主になり、田舎わたらいをするよりは都会に集まって来てそこの仕事をするようになって来た。そういう世の中は伊太郎には面白くなかった。

そういうところへ日露《にちろ》戦争が起こった。そしてその長男がこの戦争へ出ていって戦死した。平素ほったらかしにしていた子であったが心の中では限りなく愛していた。伊太郎は息子の死がガックリとこたえたようで、まだ働ける年なのに、それからぷっつり旅をやめ、火鉢《ひばち》の前に坐《すわ》ったまま一日中きざみ煙草《たばこ》をキセルで吸っていた。その生活を三〇年もくずさず八〇をすぎて死んだ。そして人が来て相手になってくれれば、過ぎ去った日を尽《つ》きる事なく話しつづけた。

下田八幡宮境内にある慰霊塔。近代の戦争で亡くなった人たちの慰霊のために建てられた。1957.3

梶田富五郎翁

久賀の東側の海辺。砂浜が広がり遠浅で潮が引くと干潟になった。梶田富五郎翁はこの浜で育った。1960.4

梶田富五郎翁

対馬豆酘《つしまつつ》村の浅藻《あざも》に梶田富五郎翁《かじたとみごろうおう》を訪ねていったのは、昭和二五年（一九五〇）七月下旬の晴れて、太陽のかがやく朝だった。郵便局で局長さんとこの村の話をいろいろしている間に、この村の開拓者がたった一人生き残っていることを教えられた。それが梶田翁であった。

「訪ねていってごらんなさい。もう八〇をすぎてはいるが達者《たっしゃ》なもんです。話もよくわかる……」とのことであった。

一つの村の成長をそのはじめからずっと見つめてきた人である。これは大変なことである。私は郵便局を辞《じ》して、その近くにある梶田翁《おう》の家を訪ねた。翁は隠居《いんきょ》住まいで、老婆と二人で住んでいた。翁の息子は、すぐその隠居家《いんきょや》の下の家で菓子屋をしていた。

翁《おう》は煙ですすけた家の板間で釣道具をつくっていた。

「爺さんは山口県の久賀《くか》の生まれじゃそうなが、わしも久賀の東の西方《にしがた》の者でのう、なつかしうてたずねて来たんじゃが……」

と話しかけると、

「へえ、西方かいのう、へえ、ようここまで来んさったのう……、はア、わしも久しう久賀へもいんで見んが、久賀もずいぶん変わんさっつろのう」

梶田富五郎翁

郷里の言葉をまる出しで話し出した翁《おう》には、初めから他人行儀はなかった。私が、

「昔のことを聞かしてもらおうと思うて……」

と一言いうと、

「はァ、わしがここに来たのも古いことじゃ……」

と話し出した。

＊

――わしが、初めてここへ来たのが七つの年じゃった。まだ西も東もわからん時でのう。わしは親運《おやうん》がわるうて、三つの年に親父に死なれ、おふくろもその頃死んだ。兄弟もみな早《はよ》うに死んでのう、身内の者といえば叔母が一人おって、そこへ引きとられた。ところが政村《まさむら》治三郎という人に子がのうて、育ててみようちうて、そこへ引きとられて七つまでそこにいた。子供のころのことはあんまりよう覚えとらんが、叔母の家が菓子屋をしていてのう。時々いっては飴玉をもろうてなめるのが楽しみじゃった。

それがどうしてここへ来たちうか。それはな、久賀の大釣《おおつり》にはメシモライというて――まァ五つ六つくらいのみなし子を船に乗せるならわしがあって、わしもそのメシモライになって大釣へ乗せられたのじゃ。大釣ちうのは、漁船でも大型のもんで一杯（一艘《いっそう》）に五、六人は乗ったろう。久賀の沖で釣るのじゃのうて、みな遠くへ出ていったもんじゃ。久賀の漁師は早うから長門《ながと》の角島《つのしま》へタイを釣りに行きようった。五杯も六杯も組んでのう。その中の年寄りが大船頭になって、向こうへいくとこの人がみな向こうの人とかけ合うて漁場や船宿を決め、そのあとはみな思い思いに働いたもんじゃ。そのうち帰る時期が来ると、何とはなしに集って来て、大船頭が「なんにも事がのうて結構じゃった」と角島へも挨拶《あいさつ》して思い思いに久賀へ戻って来る。漁船は二杯ずつで片船《かたふね》を組んで（二杯の船で一組となって）、事のあるときは助け合うようにしておった。

角島《つのしま》ばかりじゃァない。九州の西の唐津《からつ》の方へも多少行きよる者もおった。そのうち対馬《つしま》へも行けるということになってのう。久賀の漁師はいちさきに出かけたもんじゃ。はァ、それは、わしらの生まれんずっと先のことじゃったげな、何でも広島の殿様がお姫様を対馬の宗助国《そうすけくに》の家へ嫁にやって……、それから広島と対馬が行き来するようになり、ついでに漁師も出て行った。その連中が戻って来て吹いたのじゃな……、広島の漁師は久賀の沖へ釣に来るんで、大方沖で大話《おおばなし》でもしたのを久賀の連中が聞いたんじゃろう。対馬にゃァ虚空広大《こくうこうだい》もない（無限に）魚がいて、海は魚で、埋まっちょるちう話じゃげな。そがいに魚がいるんならわしらも行こうやちうて、久賀の者が広島の向洋《むかいなだ》の連中について初めて対馬へ渡ったのが、わしの生れる三〇年も前のことじゃったそうじゃ。

ところが、わしがメシモライで乗せてもろうた船がたまたまその対馬行の船じゃった。忘れもせん、明治九年（一八七六）のことで、久賀を出て何日もかけてここまで来た。風のある日はミヨシ（水押し、ミオシとも。和船の先端部の

部材で波を切る役割）にこまい帆をまいて、風のない時は櫓《ろ》をおろして、博多まで来ると、そこで味噌《みそ》や醤油《しょうゆ》や塩や米を積んでのう。玄海島《げんかいじま》ちう博多の湾の口にある島で日和《ひより》待ちをして、二日も日和がもつと見定めて、それから出ましたんじゃ。生れて初めてメシモライで乗った船がいきなり対馬へ行くんじゃから、子供心にたまげたのう。久賀のせまい町の中が遊び場じゃったのが、どっちを向いても波ばかりで、船はちっともじっとしちァおらん。どだい揺りあげられたり揺りおろされたり、子供心にもこりァたまらんと思うて、船ばたをじいっとつかまえて、そのまァ大けな波ばかり見ちょったもんじゃ。大人はそれでもえらいもんで、その大波の上を櫓《ろ》を押して行くんじゃ。

そうしてあんた、夜になってもやっぱり櫓《ろ》をおして、壱岐《いき》の島へついた時ァほっとしましたいの。壱岐の勝本《かつもと》の丘へのぼると、はァるか北の方に山が見える。あれが対馬じゃちうて教えてもろうたが、これからまたあすこまで行かにゃァならんのかと思うて心細いことじゃった。

わしはメシモライじゃから仕事はなかった。ただおとなしう船の中で遊うでおればよかった。せまい船の中で、遊ぶことも何にもないけえ、退屈にはあったが、みんながかわいがってくれるけに、何とかもてたもんじゃった。

勝本でまた何日か日和《ひより》待ちをして、まる一日かけて厳原《いずはら》の城下へ着いたが、海のはての島にもこがいな町があるかとたまげた。そのころは厳原の家は瓦屋根もあったが、屋根に石をのせたのが多かった。殿様が馬にのって島を見まわりにあるいておった。陣笠《じんがさ》をかぶって、ぶっさきの羽織《はおり》を着て、まことに見事なもんじゃった。

*

はァ、対馬へ着いたのは秋祭の頃じゃったろう。久賀を盆すぎに出て、あれでも日和《ひより》が悪うて、大方ひと月近くもかかったけえ。船の中じゃ夜になると、トモ（艫。和船の尾部の呼称）からドンダ（ドンゴロス＝麻袋）を出して、それをかぶって苫《とま》の下へもぐりこんで寝た。雨の降る日は苫を屋根に葺《ふ》いて、その下で何にもせずに一日寝て暮らしたもんじゃ。

厳原で問屋と契約して、その年から問屋が浅藻《あざも》へ納屋《なや》をつくることになって、わしらの船は浅藻へ来た。いま、こがいに（こんなに）ひらけてええ町になっているが、わしが初めて来たときァ、この浦は木が立ち暗うじょってのう。裏の向いに椎の藪《やぶ》が見えましょうが、大けな木がびっしり茂って……。このあたりもあんな木がそこら中一面に茂っておりました。それに港の中は大けな岩がごろごろしておって、船のつけられるような所じゃなかった。人も誰もおらん。ないだ（渚）ばたまで木が茂って、木の枝が海へつくほどじゃった。たった一軒、浅藻《あざも》と小浅藻《こあざも》の境の鼻（岬）の上に吹きころがすような納屋があった。その下へ平戸《ひらど》の者がブリの建網《たてあみ》を入れていて、その番人の小屋じゃった。

元来浅藻《あざも》ちう所は天道法師《てんとうほうし》の森の中で、人の住んではならんことになっておった。このあたりでは、そういうところをシゲというてなァ、あそこは天道《てんとう》シゲじゃけに住んではならん、けがれるようなことをしてはならんと、土地の人はずいぶんおそれておった。浦の奥の浜は通らずの浜というて、人一人通ることを許されだった。そういう所へどうして久賀《くか》の者が住むようになったのかと言いなさるんか。

対馬《つしま》という所は侍の多いところで、どこの村でもなかなか仕来《しきた》りがやかましい。わしら漁師のような礼儀も作法も知らんものは、とてもつきあいのできるもんじゃァない。それで、いっそ神様のバチがあたってもかまわんけえ、まァめんめら（めいめい等《ら》）同士気の合うた者だけで暮らすのがよかろうちうて浅藻《あざも》へ納屋《なや》を建てることになったんじゃいの。

＊

それまでのこと、もう少し話せってかな？

そうじゃなァ。それに以前のことはわしは大人たちから聞いた話じゃからくわしうには知らん。対馬ちうところは朝鮮《ちょうせん》へ近い。それで日本人が内緒でよく朝鮮へ人参《にんじん》を買いにいったものじゃちう。朝鮮人参ちうのはよく効きもしたが、たいそうな値のするもんで、手のひらいっぱいでも何両という値打ちがあった。日本にはどうしてもでけんもんじゃから、内緒で買いにいったよのう。それには銭屋五兵衛《ぜにやごへえ》ちうのが大将で、加賀《かが》（石川県）の銭屋か銭屋の加賀かちうて、加賀一番の大金持ちで、また大けな回船問屋《かいせんどんや》じゃった。この人は対馬まで来るときは、日本の着物を着、日本の帆をまいて走っておるが、対馬を過ぎると、朝鮮の帆をまいて、朝鮮の着物を着て、朝鮮人になりすまして朝鮮へ渡ったちうことじゃ。銭屋はまァええとして、銭屋のまねをするもんが数知れんほどいって、対馬の役人の目をかすめては朝鮮へいく。どうにも手に負えるもんじゃなかった。

そこで豆酘《つつ》（対馬の西南端、浅藻《あざも》の西）の鉄砲鼻（今の豆酘崎《つつざき》）に遠見番所をおいて、浅藻の東にずうっと海の中へ長うに出ておる神崎《こうざき》から西へ漕ぎ出す船を見つけると、そこで鉄砲を打ちあげていましめをした。それでもなお東へ戻らんと豆酘浦《つつうら》から長船を漕ぎ出して来た。長船ちうのは細長い船で一八挺《ちょう》も櫓《ろ》をたてて飛ぶような速さじゃった。あの船は汽船と競争しても勝ったからのう。櫓《ろ》が仰山《ぎょうさん》あるのでムカデともいうて、皆恐れたもんじゃった。

まず、鉄砲鼻で鉄砲を打ちあげる。すると豆酘浦《つつうら》の者は構えをする。二発目が鳴ると漕ぎ出して来る。たいていの漁船はみな捕まった。捕まえられると厳原《いずはら》へ連れて行かれて水責めに逢《お》うた。口をあけておいて水をつぎこむので、むせてむせてとても苦しうてやりきれん。それが恐ろしいけえなるべく神崎から西へ行かんようにする。

ところが神崎の一里（約四キロメートル）ほど沖が大瀬というて対馬一のタイの漁場《りょうば》でごいす。ここには大けなタイがおった。目の下三尺（約九〇センチメートル）ちう今じゃとても見られん大ダイを釣ったことがあった。そういう漁場じゃから、みなそこへ行く。すると風や潮の流れでつい西の方へ出る。鉄砲をうたれる。長船がやって来る。クモの子を散らしたように逃げる。逃げ遅れたのが捕まる。罪もないのに水責めにあう……。そりゃまア地獄の釜の淵で踊

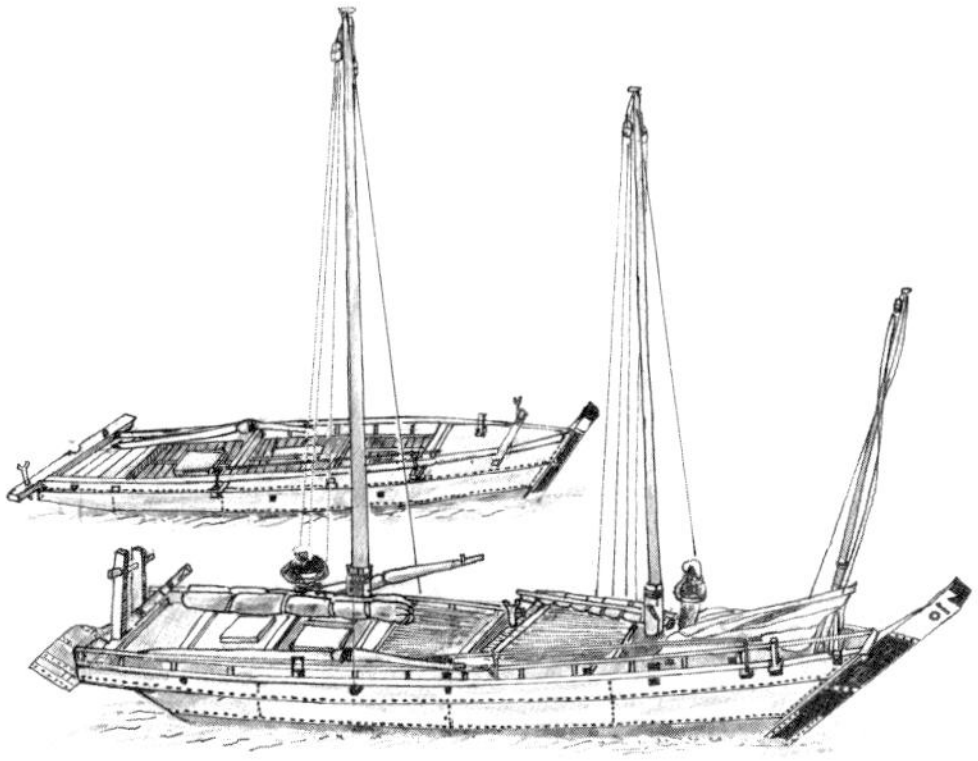

一本釣久賀型漁船。手前が角島や対馬へ出漁した船で、奥の小型のものが地元近海で操業した船。
対馬行きの漁船は、船長が7尋～12尋（約13～22メートル）と大型。西海の荒波にも耐えられるように、船首の角度を鋭角にし、船幅を広げたり、波が船中に入らないように甲板（こうはん・かんぱん）を船の前と後部に張ったりするなどの改良を重ねた。

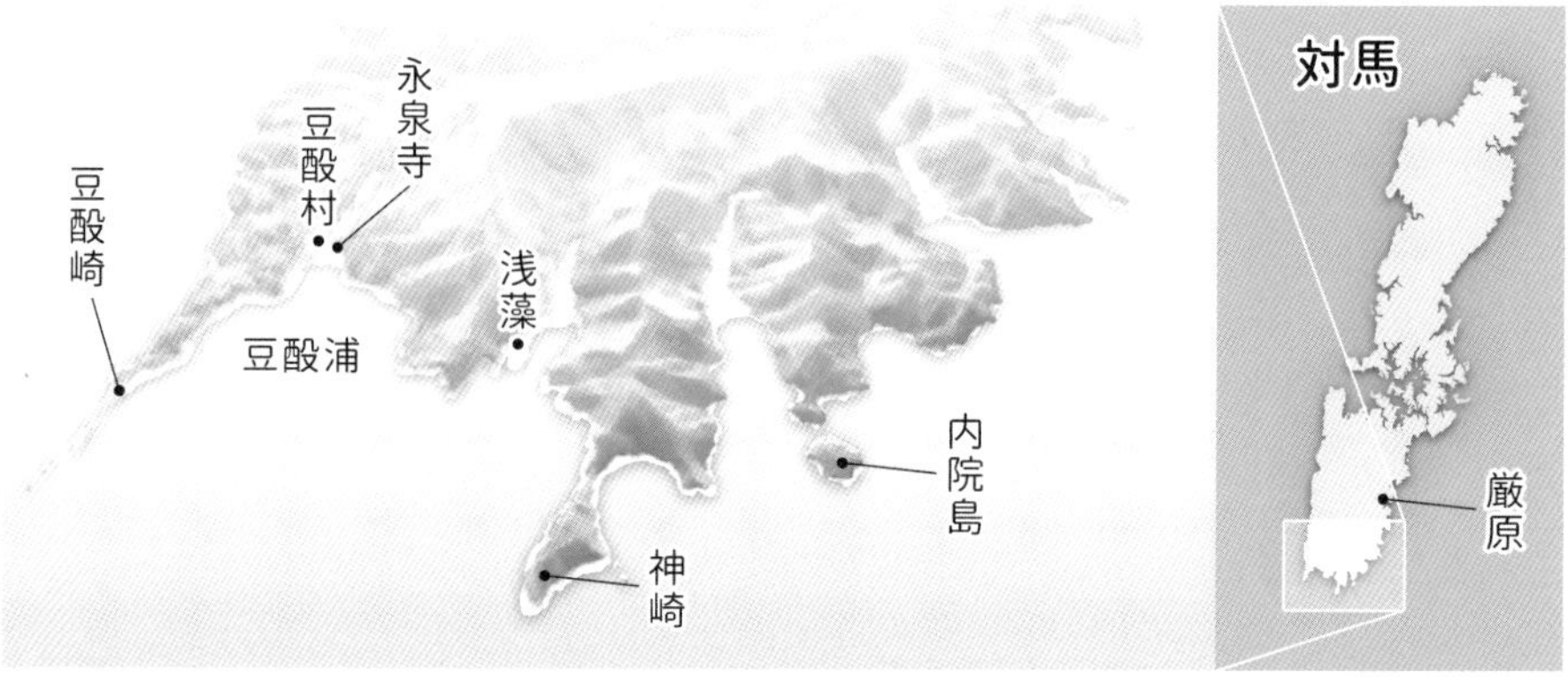

りを踊るようなものじゃった。

そうして夜になるとこの東の内院《ないいん》の沖にある内院島《ないいんじま》のかげに船をとめて寝たものでごいす。そこを帆船さげというておった。そこが一ばん人の目につきにくいところじゃった。

ところがあんた、明治の御一新《ごいっしん》になって漁船は神崎《こうざき》の西へ出てもええということになった。久賀の漁師は喜うだの何の、とびあがるほどじゃった。あそこのタイは西の方から来る。豆酘《つつ》の沖にはもっとよけい（ようけ＝たくさん）タイがいるに違いないということになって、ドッと豆酘の沖まで出かけた。なるほど釣れる釣れる。海の底は魚で埋まっちょったもんじゃ。しかし豆酘の者は沖で魚を釣ることは許しても、船をつけることは許さんから、夜になると内院島まで戻っておった。

ところがえらいことが起こった。あれは明治五年（一八七二）一二月一五日のことじゃった。大けな北が吹いての、朝のうちは天気は何ともなかった。ただすこうしお日さまがキラキラしておった。お日さまがキラキラすると風が出ます。しかし大して気にもせんで豆酘の沖へいった。ところが昼すぎから吹いて来たの何の――そりゃもうすごい北の風で、潮気がたってすぐ目のまえの豆酘《つつ》がかすんで十分見えだったという。皆一生懸命に豆酘をめがけて船を漕いだが、大方沖へ流されて死んでしもうた。全部で四四名という者が行方が知れんようになってしもうた。その中には漁の神様といわれた勝右衛門《かつえもん》もおった。勝右衛門ちう人は天気を見ること、潮を見ること、魚を見ること——漁のことなら何でも狂うことがなかった。えらい漁師じゃったそうじゃ。その勝右衛門さえこの時死んでしもうたので、今にこの時化《しけ》を勝右衛門嵐というております。

勝右衛門ちう人は久賀《くか》から対馬《つしま》までの間の海ばたの者ならたいがいの者が知っておった。「久賀の勝右衛門じゃ」といえば、「ああ漁師の神様か」と思うた。「明日の天気はどうじゃろうか」ときくと「これこれじゃ」と教える。まあ十《とお》のうち十までは勝右衛門の言うとおりになる。その勝右衛門にもやっぱり千慮《せんりょ》の一失《いっしつ》というものがあった。「どうしてもイヤな日じゃが……」というて出ていったそうじゃが、そのまま戻って来《こ》だった。豆酘《つつ》の者は他所者《よそもの》には厳しかったが、人間はみなええ人が揃うていて、永泉寺ちう寺で、四四名の供養をしてくれた。いまでも永泉寺にまつられていますがの……、一二月一五日の晩には海の方から四四人の亡魂《なきたま》が永泉寺の方へ歩いていくのを豆酘の人は時々見かけるちうことじゃいの。

まァ、そういう大けな怪我があっても、久賀の者はやっぱり対馬へ行くのを止《や》めはしやせん。何でもその時一ぱいの漁船がひっくり返って、それにしがみついて親子の者が流れていった。よっぽど運のええ人で、流れながれて平戸《ひらど》の沖までいって土地の人に助けられた。この親子が久賀へ戻って来て、「船がかやったのは、ミヨシとトモから波が打ちこうで来たためで、ミヨシとトモへ甲板を張ると波に強うなる」と教えてくれた。それからミヨシとトモへ広い甲板を張るようになったんじゃいの。こうすれば打ちあげた波もまた海に戻って船の中へ入らん。とにかくあれからもう人が四〇人も五〇人も死ぬるようなことはないようになった。

*

ところでわしらが浅藻《あざも》へ住むようになったのは——これもわけのあることでごいす。わしが対馬《つしま》へ行く前の年、明治八年（一八七五）の一二月に豆酘《つつ》の四挺櫓《よんちょうろ》の長船が厳原《いずはら》へ上納を納めにいっての、その帰りにえらい西の風が吹い

浅藻の開港記念碑　1950.7

て、神崎《こうざき》の沖で船へ波を叩きこまれてひっくり返ったんでごいす。それを久賀の大釣《おおつり》の船が見つけて、長船をおこして内院《ないいん》まで漕《こ》いで帰って介抱して豆酘《つつ》へ送り届けてあげた。すると豆酘の者は大喜びで「ほんとにお世話になった。ついてはお礼のしるしにあんたらの言うことは何でもきくから」ということなので「それじゃ浅藻《あざも》の浦へ住むことを許してもらえまいか」と頼うでみました。「たいがいのことはきいてあげられるが、あそこはシゲ地じゃから祟《たた》りがあるといけん」と言うから「祟《たた》りがあってもええ、それに生き神さまの天子様が日本をおさめる時代になったんじゃから、天道法師《てんとうほうし》もわしらにわるさはすまい」ということになって、浅藻《あざも》へ納屋《なや》を建てることを許してもろうて久賀へ戻って来やした。

そうして、その翌《あく》る年、初めて納屋の建つ年にわしは初めてここへやって来たのでごいす。

納屋を建てるというても、わしら漁師には、そういうことはできん。まず厳原《いずはら》の亀谷久兵衛という問屋が来て、木を伐《き》り土地をひらいて納屋を建てた。屋根は杉の木を伐ってこれを板に割って並べ、竹でおさえをして、その上に石を並べてのう、柱は丸木の掘立てで、壁は蓆《むしろ》で葺いた。床はなうて土間へ蓆をしいたままじゃが、それでもそこが、御殿のように思えたもんでごいす。それまでというものは、今日も来る日も波の上ばかりで、目がさめると船ばたを叩いておる波の音が聞こえる。慣れてしまえば何でもないようなもんじゃが、それでも七つの子供にゃ陸《おか》の家で寝てみたかったのう。

納屋というても問屋のようなもので、厳原《いずはら》から亀谷の番頭と丁稚《でっち》（商家に年季奉公する幼い者）がやって来よって、わしらの船が釣りあげた魚を買うて腹を割ったり、塩をしたりして厳原へ運ぶんでごいす。たいがい日に一ぺんは厳原から船が来やした。来るときゃア、漁師のほしいもの——米じゃとか味噌《みそ》じゃとか、タバコのようなものも持って来る。そこで沖から戻って来ると納屋へあがって、めんめらの要るものをわけてもろうて、そのあとは囲炉裏《いろり》の火のとろりとろりと燃えるそばで、みんなが夜の更《ふ》けるまで話をしたもんでごいす。

浅藻の村　1950.7

はァ、子供心にはおとろしいような話ばかりじゃった。何せ、漁師の話ちうものは、時化《しけ》にあうた話ばかりでのう……。またどういうものか昔はそういうものが仰山《ぎょうさん》出たもんじゃ。久賀《くか》の沖なんか、雨のしょぼしょぼ降るような晩にはきまったように、海の底から「杓《しゃく》くれえ、樽《たる》くれえ」ちうてのう。海坊主がおろうだ（叫んだ）もんじゃ。それで杓でもやろうもんなら、すぐ船の中へいっぱいアカ（水）をすくいこうで、船を沈めてしもうたもんじゃ。玄界灘《げんかいなだ》はまた船幽霊《ふなゆうれい》のよう出るところじゃった。そういう話をみんな面白がってするんじゃけえのう。こまい子供はおじけもつくよ。

メシモライはわし一人じゃのうて、どの船にも一人ずつ乗っているから、七、八人はいたろう。納屋《なや》へあがると、ほかの船のメシモライもあがっちょるけえ、遊び相手もあって、まァ退屈はせなかったのう。

ところで、漁師どものいちばん困ったのは船着場で、ないだ（渚）に大けな石ころがごろごろしちょるもんじゃから船をつけるところがのうて……。本浅藻《ほんあざも》の方は入江も大きいし、港としてもええが、わしら小人数じゃァ、港をようひらかん。小浅藻《こあざも》の方にしようやァちうことになって港をひらく仕事にかかりやした。

港をひらくちうのは、港の中にごろごろしちょる石をのけることでごいす。人間ちうものは知恵のあるもんで、思案の末に大けえ石をのけることを考えついたわいの。潮が引いて海の浅うなったとき、石のそばへ船を二杯つける。

船と船との間へ丸太をわたして元気のええものが、藤蔓《ふじづる》でつくった大けな縄を持って潜って石へ掛ける。そしてその縄を船にわたした丸太にくくる。潮が満ちてくると船が浮いてくるから、石もひとりでに海の中へ宙に浮きやしょう。そうすると船を沖へ漕ぎ出して石を深いところへ落とす。船が二杯でひと潮に石が一つしか運べん。しかし根気ようやっていると、どうやら船のつくところくらいはできあがりやしてのう。みんなで喜うでおったら大時化《おおしけ》があって、また石があがって来て港はめちゃめちゃになった。

こりゃ石の捨て場が悪かったのじゃ、もっと沖の方へ捨てにゃァいかんということになって、今度はずーっと深いところまで持っていって捨てやした。

そりゃもう一通りの苦心じゃなかった。わしら子供じゃから見ておるだけじゃったが、ようやるもんじゃと子供心に感心したもんよの。それがあんたァ、魚を釣りに出る合間の仕事じゃから……。

そうしてまァ正月もすぎて、そろそろ木の芽も出るころになってわしらはまた久賀《くか》へ戻って来たんでごいす。久賀へ戻ればまた政村の世話になる。また叔母の家で菓子をつくる手伝いもする。秋になるとメシモライで対馬《つしま》へ来る。十《とお》ばかりになるまではそれを繰り返しておりやしたが、どうやらカシキもでけるようになったので、カシキで乗りこむことになりやした。カシキちうのは、飯たきのことで、一人前にならん子供か、六〇すぎの年寄りの仕事で、もろうて食うて、賃はわずかじゃが、家じゃ食う口を減らすちうて貧乏な家じゃァ早《はよ》うから漁船のカシキに出したもんでごいす。

その頃になるとわしも大分物心がついてきて、久賀で菓子屋をするのもええが、身よりも少ないんじゃし、どこで何をしてもええ身の上じゃから、いっそ漁師で暮らそうと決心して、本気で釣漁を習うことにしやした。

浅藻《あざも》もそれからだんだん開けてきて……、みんなも鋸《のこぎり》や鍬《くわ》を持っていって、木を伐《き》ったり土地をならしたり、ちっとは畑もひらいて野菜をつくるようにして、どうやら人の住めるようなところにしたんでごいす。

明治九年から一五、六年までの間（一八七六〜一八八二、八三）、ほんの五、六年のことじゃったが、その間の浅藻《あざも》の変わりようは見違えるほどじゃった。それによっぽど（余程）遠いところじゃと思うておったのに、その頃になると、船も丈夫にし、帆も大きうなって久賀から対馬《つしま》まで五、六日で走ってくるようになった。わずかの間に隣へ来るように気安いところになったんでごいす。それがまァ、少うしばかり船をつくりなおしただけでもそんなになる。その上浅藻へ来れば、掘立小屋《ほったてごや》でも我が家がある。粗末なものは節くれ立った丸木柱に、椎の木の枝を壁にしたような小屋もあったが、夜になると沖から戻ってその小屋に寝たもんでごいす。

＊

わしらァ何分にも学問のないもんで、字も知らにゃァ銭勘定《ぜにかんじょう》もろくにでけん。それで亀谷の納屋《なや》で、どういう勘定しとるかもわからんけえ、亀谷の旦那に頼うで、久賀《くか》の政村《まさむら》国平さァに大黒納屋の番頭になってもろうたんでごいす。あんたァ国平さァを知っておりんさるか。えらい人じゃった。久賀におりゃァ握り睾丸《きんたま》で（あそんで）暮せた人じゃ。旦那衆の一人じゃけん。それを対馬《つしま》くんだりまで来てもろうて、大黒納屋の番頭になってもろうた。大黒納屋ちうのが亀谷の納屋のことで、亀谷の旦那もわかった人じゃけに、国平さァを使いなさった。どっちも男同士の取引きじゃから悪いことはせん。わしらァ国平さァに任せきって仕事をした。

ところが国平さァが言いなさるに、「納屋はどうしても久賀のもんが持たにゃァいけん。亀谷もこの頃商売が下手でよういかん。対馬におったんじゃァ広い世間の様子がようわからんから、損ばっかりしておりんされる。殿様のおりんさったころとちごうて、この頃の人はみんな、はしっこうなった。亀谷の旦那のように、鷹揚《おうよう》じゃァ商売にならん。それでどうしても久賀から腕のしっかりしたのを連れて来て商売させにゃァいかん。わしが面倒見てもええが、わしゃどうしても久賀の方での仕事があるけに、ここでかかりきりになれん」ちうて、まことにもっともなことじゃということになって、国平さァにかわって来てもろうたのが五島新助さァじゃった。この人が来て浅藻《あざも》の骨はでけたようなもんじゃ。この人はまた考えの深い人で、「これからどんどん朝鮮の方までひらけていくに違いない。そうしたら浅藻は日本と朝鮮の真中になる。朝鮮へいく漁船はみな、ここを通るようになる。その時に備えて、みんなこの土地に住みつかにゃァいけん。冬になると久賀へいぬる（帰る）ようじゃァ話にならん。親兄弟のよび寄せられるもんは呼び寄せるがええ」ちうて、自分は土壁のついた家を建てんさった。

それでまァ、みんなも追々家を建てるようになりやした。わしはまだ若かったので、久賀《くか》と浅藻《あざも》の間を行き来していたが、その頃久賀じゃァハワイへ行くことが流行《はや》っての……。久賀で働きゃァ一日が一三銭にしかならんが、ハワ

瀬戸内の一本釣り漁。竿を用いない手釣りの漁法。

イなら五〇銭になる、何とええ儲けじゃないかちうてみなどんどん出ていった。しかしわしらは漁師で、もう一生魚をとって暮らそうと決心していたから気は変わらだった。それほどまた魚もよう釣れたもんじゃ。まァ一日にタイの二、三〇貫（七〇数キログラムから一〇〇キログラム超）も釣ってみなされ、指も腕も痛《いと》うなるけえ。それがまた大けな奴ばっかりじゃけえのう。ありゃァ、かかったぞォ、と思うて引こうとするとあがって来やァせん。岩へでも引っ掛けたのかと思うと糸を引いていく。それを、あしらいまわして機嫌をとって船ばたまで引きあげるなァ、容易なことじゃァごいせん。きらわれた女子《おなご》をくどくようなもので、あの手この手で、のばしたりちぢめたり、下手をしたら糸を切るけえのう。そのかわり引きあげたときの嬉しさちうたら——、あったもんじゃァない。そねえなタイを一日に一〇枚も釣ってみなされ、たいがいにゃァええ気持になるで晩にゃ一杯飲まにゃァならんちう気にもなりまさい。そういう時にゃァ金儲けのことなんど考えやァせん。ただ魚を釣るのがおもしろうて、世の中の人がなぜみな漁師にならぬのかと不思議でたまらんほどじゃった。

そりゃあんたァ、久賀《くか》の沖で小ダイを釣るようなもんじゃァごいせんで——。

そのうち大瀬ばかりでのうて、もう五、六里（二〇～二〇数キロメートル）も沖にも瀬があって、そこにもタイがえっと（沢山）おることを見つけてのう。その時はまたたまげたことじゃった。そればっかりじゃない。そこはまたハイオ（カジキマグロ）がどようしもない（大変）ようけ（沢山）おって、大けなのが何匹でも背中を出して泳ぎよる。わしらァとり方を知らんけえ、「あァ、これをとったら、どれぐらい儲かるかわからんじゃろうに」ちうて話し合うたもんじゃ。

ブリもまたやみくも（めちゃめちゃ）に多うてのう、久賀の者はタイ釣専門じゃでブリはよう釣らん。誰か来て釣りゃァええのに、とまァ何から何まで歯がゆいことじゃった。

それで、ちょうど久賀から来るとき博多で沖家室《おきかむろ》（山口県大島郡周防大島町）の漁師にあうた。「あんたらァ対馬《つしま》へいって見んさらんか、対馬にゃァ虚空広大《こくうこうだい》もない魚がおる。釣っても釣っても釣りきれん」ちう話をすると「ブリはおるか」と言いなさる。「おるくらいな、あんたら行ったらたまげてしまうで……、ブリの来るときゃァ海の水が高うなるほどじゃ……」「ほんとか」「うそなど言うもんか」それでなァ、沖家室の者が対馬へ来るようになった。明治二〇年（一八八七）じゃった。わしもいっぱし（ひとかど）の若い衆になっておりやした。沖家室の者はまたブリを釣るのが上手で、まァここへ来て釣ったの何の、たまげるほど釣った。それでどうしても納屋《なや》が要るんで、厳原《いずはら》の倉成サァに納屋（問屋）をやってもろうた。これがまたよくでけた人でよくめんどうを見てくれやした。ブリの漁場は豆酘崎《つつざき》の沖じゃったが、やっぱり浅藻《あざも》を中心にして、沖家室の者は中浅藻《なかあざも》を拓《ひら》きやした。

そりゃァもう小浅藻《こあざも》と同じことで、入江の石をのけるのに苦労したが、それでもその頃になると火薬を手に入れて岩を割ることも知ったし、やって来る漁船も増えたから、港へ入る者には必ず一つずつ石を吊りさげては沖へ持って出させるようにさせて、小浅藻よりは楽に石をのけやした。石さえのけりゃァ、中浅藻の方が港も広いし、奥も深いけに、ええ港になりますわいの。

港一つつくるちうても一通りのことでできゃァせんもので、楽にできたというても今のようになるまでには三〇年もかかったじゃろうか。沖家室の船が来はじめたころには、四、五杯しか入らなかった港へ、大正の終わり頃（一九二〇年代前期から中期にかけて）には五〇〇からの、それも大型船が入るようになったんじゃから、漁師の力も馬鹿にはならんもんですわい。

＊

ところで、明治三〇年（一八九七）頃までは浅藻《あざも》の家ちうのは大方が納屋《なや》で、ほんとに粗末なもんじゃった。あれは戦争（日清戦争）のあった年じゃったから、明治二七年か八年じゃろうと思います。大けな風が吹いてのう。わしはまァあれほどの風をいままで知りやせん。小浅藻は窪みにあるからそれほどでもなかったが、中浅藻の方は風が瀬戸になって吹き込うで来て、よけえ（ようけ＝たくさん）家がこけやした（倒れました）。何でも一家の者が囲炉裏《いろり》のはたへ坐《すわ》っていたら、だまし（突然）に大けな風が来て、サァッと家を吹きあげて、四、五間（七〜九メートル）向こうへ持っていってしもうた。家はそこでペシャンコにひしゃげて（押しつぶされて）しもうた。家の者が気がついてみると野天《のてん》へ坐っておったという。まァそれほど大風が吹いたんでごいす。

これじゃアどもならん。これからも風の吹く事じゃから、しっかりした家を建てにゃアならんちうて、沖家室《おきかむろ》の近くに佐連《されん》ちうところがありますが、そこの瓦師をつれて来て、瓦を焼いてもらうことにして、それから瓦屋根ができるようになった。そうして対馬も他の所にはまだ石屋根があるが、ここだけは早うに瓦屋根になりやした。「対州《たいしゅう》名物

佐連の瓦屋。1963.10
周防大島の南東部、佐連や地家室・伊崎では瓦の材料になる粘土質の土が採れ、幕末から瓦産業が発達した。

トンビにカラス、屋根に石」と言われちょりましたが、ここだけは瓦屋根に漆喰《しっくい》をしてええ家が並《なろ》うだ。それで豆酘《つっ》あたりから見物に来たもんでごいした。

人がほんとに住みついたのが明治二〇年（一八八七）頃、その頃には入江の向こう側によく狐火《きつねび》が燃えていたものでごいした。あんまり気持のええもんではなかった。それにまた、ほんに静かな晩に、天地も裂けるような音のすることがあった。天道法師《てんとうほうし》が飛行なさるのじゃろうなんど言うちょりましたが、明治三〇年（一八九七）頃になると家も一〇〇戸に増え、その上紀伊《きい》の国（和歌山県）から毎年七〇杯くらいのブリ釣りが来るようになって、港は賑やかになり、狐火も天道法師の飛行の音もせんようになってしまいやした。

やっぱり世の中で一ばんえらいのが人間のようでごいす。わしはその頃はもう嫁をもろうて、この土地の土になる気になって、漁師だけでは食えんから、子供の時習うた菓子の作り方を家内に教えて、わしは沖へ出る、家内は家で菓子を作って商いをする、とまァそないにしてつつましう暮しをたてて来やしたがのう。

はァ、面白いことも悲しいこともえっとありましたわい。しかし能も何にもない人間じゃけに、面白いということも漁の面白味ぐらいのもの、悲しみというても、家内に不幸のあったときくらいで、まァばァさんと五〇年も一緒に暮らせたのは何よりの幸せでごいした。

だいぶ話しましたのう。一服しましょうかい。

編者あとがき

宮本常一が一九八一年に亡くなってちょうど四〇年が経ちました。宮本常一はふるさと周防大島のことを深く調べ、そこで考えたことをたくさんの書物に書き残しています。私たちは宮本の著作を通して、ふるさとがたどってきた歴史を知ることができ、どうやって現在の暮らしが形作られてきたのか、また暮らしをより豊かにしていくにはどうしたらいいのかに思いを巡らせることができます。

このふるさとを知り愛した民俗学者の著作を、多くの人と読み継ぎ、地域の未来を考える共有の財産としていきたいと思い、「宮本常一 ふるさと選書」として刊行を開始することにしました。そこで小中学生や高校生をはじめ若い世代にも親しんでもらえるように、漢字にはルビを付し、難しい用語には簡単な解説をつけました。また、写真や図版を挿入して、宮本が書き残したことのイメージが膨らむように工夫しました。いずれも未來社から刊行されている「宮本常一著作集」を底本としていますが、最初に著された時期はそれぞれ異なります。

「ふるさと大島」は、「周防大島」(「島」有紀書房、一九六一年)と「旅を誘う白木山」(「岳人別冊　グラフ国立公園」中日新聞社、一九七一年)として刊行されたものです。周防大島の歴史的な特色と執筆当時の島の空気感を、簡潔かつ、愛情に満ちた筆づかいで描いています。本シリーズ全体を俯瞰する文章として冒頭に収録しました。

そして「奇兵隊士の話」「世間師」「梶田富五郎翁」が本書の中心になるものです。宮本常一の聞き書きの中から、周防大島生まれの古老たちの話をまとめたこの三つを収録しています。幕末から明治を生きた人たちの話には一定のリズムがあったと宮本は回想しています。その語りのリズムを活かした文章は、声に出して読めば、また新たな発見があるかもしれません。

「奇兵隊士の話」は、「村里を行く」（三国書房、一九四三年）の一節で、今回収録のしたうちでは最も初期のものです。幕末から明治に移り変わる転換期のなかで周防大島の人がどう生きたかが描かれています。宮本は晩年に著した「東和町誌」でも奇兵隊士だった古老の話に触れていて「防長征伐から、上野の山の戦争、会津征伐にまで参戦した古老は、「奇兵隊にはいったおかげで広い世間を見物できてよかった」と話してくれた」と書いています。

上　山越えの旧道から久賀の町を見下ろす。宮本常一が「素朴」としてその魅力を説いた風景。2021.2
下　安下庄の春の風物詩、長尾八幡宮の御例祭。今もつづく四季折々の行事に、人のつながりを伺うことができる。2011.4

広い世界を見て人生経験を積んだ人たちを、周防大島では世間師《しょけんし》と呼んでいました。宮本はそのような人物像を、日本から海を渡りアジア各地まで旅をした「増田伊太郎」という古老の人生によせて描いています。この「増田伊太郎」は決して特異な人ではなくて、周防大島では旅に生きる人生を送った人がたくさんいたのです。そして「梶田富五郎翁」では、瀬戸内から山口県北部の北浦をめぐり、博多を経由して対馬に移住し、海と共に生きて新しい村を開いた漁民の人生が描かれています。「世間師」「梶田富五郎翁」は、未來社から刊行されていた雑誌「民話」に連載した「年よりたち」が初出です（一九五九年）。そして後に宮本常一の代表作となる「忘れられた日本人」（未來社、一九六〇年）にまとめられています。

上　対馬、豆酘。表八丁角、天道法師入定の墓地。恐ろしどころとして村人の立ち入りが禁じられていた。2020.3
下　対馬、小浅藻の港。周防大島から移住した漁民がひらいた。天道信仰の強いこの地にあって、浅藻は恐れ地であった。2020.3

宮本常一が聞いた古老たちの人生からは、周防大島というところが決して隔絶された世界ではなく、絶えず外の世界との往来があったことを教えてくれます。遠くに見える山々や家並みは旅情を誘い、眼前に広がる穏やかな瀬戸内海は新たな場所へとつながっていたのです。

周防大島の出稼ぎ、移民について、宮本は「技術を身につけておれば働きさえすれば食えるという事実の発見であり、働く場所は生まれ在所とは限らず、働く場所を求めて歩けばよいということになる。生きてゆくための手段として男たちが見つけたのが、木挽《こびき》・大工《だいく》・水夫《かこ》・漁夫《ぎょふ》・鍛冶《かじ》・瓦師《かわらし》などであり、手に職を持っておれば絶対に食いはぐれないという自覚であった。…それが生活領域としての郷里以外で生産行動をとらせるようにしたのであって働き口を見つければどこへでも出かけていった」（「東和町誌」）と述べています。活発な人の移動があった周防大島の暮らしの一面が浮かび上がってきます。

そして出稼ぎした人たち、島の外へ住むようになった人たちの足跡は、神社仏閣の石造物や、学校などへの寄付の品々、さらに日常の世間話に登場する親類縁者の話に伺うことができます。周防大島はいまも広い世界と深いつながりをもっているのです。また、道路が拡張されて埋め立てが進み、当時と風景が一変したように思えますが、みかんの花の香り、家々が密集する町の佇まい、季節ごとの祭礼、海を行き交う漁船のエンジン音に、宮本常一が描いた周防大島の素朴で誠実な営みを感じることができます。宮本が書き残した古老たちの人生は、決して遠い過去の話ではなく、現在につながることなのです。

さて、本書刊行にあたっては宮本千晴氏に刊行の承諾をいただき、未來社の西谷能英氏には著作集を底本とする許可をいただきました。その著作集の編者である田村善次郎先生の解説に今回も多くを学びました。そして監修者の森本孝さんには懇切丁寧なアドバイスをいただきました。みずのわ出版の柳原一徳さんの読み継がれる本を作るという情熱で本書は刊行することができました。記して謝意を表します。

（宮本常一記念館・髙木泰伸）

付記

本書に収録した宮本常一の文章は「宮本常一著作集」（未來社）を底本とし、漢字・かな表記および一部表記を改め、註とふりがなを適宜付した。初出は以下の通り。

- ふるさと大島（著作集40）

　一　周防大島（宮本常一編「島」有紀書房、一九六一年）

　二　旅を誘う白木山（「岳人別冊　グラフ国立公園」中日新聞社、一九七一年四月）

- 奇兵隊士の話（著作集25）

　御一新のあとさき（「村里を行く」三国書房、一九四三年）

- 世間師（著作集10）

　世間師・年よりたち七（「民話」第一五号、未來社、一九五九年一二月号）

- 梶田富五郎翁（著作集10）

　梶田富五郎翁・年よりたち三（「民話」第七号、未來社、一九五九年四月号）

キャプションは、髙木泰伸（宮本常一記念館学芸員）が執筆した。

宮本常一写真図版（宮本常一記念館蔵）

表紙, P5, P.8上, P.10, P.12, P.15, P.18, P.19, P.20, P.21, P.37, P.41, P.43, P.51, P.59, P.61, P.72, P.74, P.80

写真図版提供・出典（50音順）

梶田新　P.64

岐阜市歴史博物館　P.55

「久賀町七十年の歩み」（久賀町役場、1974年）　P.8下

周防大島町教育委員会（滝本写真館旧蔵）　P.23

「周防久賀の諸職　石工等諸職調査報告書(二)」（久賀町教育委員会、1981年）　P.69

長尾八幡宮　P.49

柳原一徳　P.2-3 ,P.9, P.11, P.14, P.16, P.83, P.84

山口県文書館（日野家文書）　P.27

山口県立山口博物館　P.33, P.47

地図・イラスト作成

太田学

協力

宮本千晴

田村善次郎

【著者】
宮本常一――みやもと・つねいち
一九〇七年（明治四〇）～一九八一年（昭和五六）。
山口県周防大島に生まれる。柳田國男の「旅と伝説」を手にしたことがきっかけとなり、柳田國男、澁澤敬三という生涯の師に出会い、民俗学者への道を歩み始める。一九三九年（昭和一四）、澁澤の主宰するアチック・ミューゼアムの所員となり、五七歳で武蔵野美術大学に奉職するまで、在野の民俗学者として日本の津々浦々を歩き、離島や地方の農山漁村の生活を記録に残すと共に村々の生活向上に尽力した。一九五三年（昭和二八）、全国離島振興協議会結成とともに無給事務局長に就任して以降、一九八一年一月に七三歳で没するまで、全国の離島振興運動の指導者として運動の先頭に立ちつづけた。また、一九六六年（昭和四一）に日本観光文化研究所を設立、後進の育成にも努めた。「忘れられた日本人」（岩波文庫）、「宮本常一著作集」（未來社）、「宮本常一離島論集」（みずのわ出版）他、多数の著作を遺した。宮本の遺品、著作・蔵書、写真類は遺族から山口県東和町（現周防大島町）に寄贈され、宮本常一記念館（周防大島文化交流センター）が所蔵している。

古老の人生を聞く　宮本常一ふるさと選書　第1集

二〇二一年三月三一日　初版第一刷発行

著　者　宮本常一
編　者　宮本常一記念館（周防大島文化交流センター）
監　修　森本　孝
発行者　柳原一徳
発行所　みずのわ出版
山口県大島郡周防大島町
西安下庄、庄北二八四五
庄区民館二軒上ル　〒七四二―二八〇六
電話　〇八二〇―七七―一七三九（F兼）
E-mail mizunowa@osk2.3web.ne.jp
URL http://www.mizunowa.com

印　刷　株式会社　山田写真製版所
製　本　株式会社　渋谷文泉閣
装　幀　林　哲夫
プリンティングディレクション　黒田典孝
（㈱山田写真製版所）

ISBN978-4-86426-101-2 C0395